BUSINESS DESIGNER
비즈니스 설계자

BUSINESS DESIGNER

비즈니스 설계자

노마드크리스(박가람) 지음

내가 이 책을 쓰는 이유는 간단하다. 누구나 쉽게 돈 버는 방법을 알려 주기 위해서다. 나는 똑똑하지도 않고 학벌이 좋지도 않으며, 남들은 하나씩 갖고 있는 재능도 없다. 심지어 인내심도 약해서 무엇이든 하다 마는 것이 많았다. 이런 내가 돈을 벌 수 있었던 이유는 간단하다. 온라인 수익화의 구조를 이해하고, 돈이 들어올 수 있는 설계를 했기 때문이다.

나는 참 게으른 편인데도 불구하고 돈을 많이 벌고 싶은 욕심이 있었다. 그런데 정말 운이 좋게도 그렇게 살아도 돈을 벌 수 있는 시대가 찾아왔다. 다시 말하자면, 누구라도 간단한 비즈니스 설계법을 익히면 돈을 벌 수 있다는 의미이기도 하다.

내가 이야기하는 비즈니스 설계법은 절대 대단하거나 어려운 것이 아니다. 누구나 따라 할 수 있는 아주 손쉬운 기술이다. 누구보다 평범한 내가 해냈기 때문에, 이 책을 손에 쥔 여러분 또한 해낼 수 있을 것이라 믿는다.

그래도 무언가 잘하는 게 있으니까 돈을 벌게 된 것이 아니냐고 묻는 사람들도 있다. 온라인 비즈니스를 하려면 채널을 키워야 할 텐데 '블로그를 키우려면 글을 잘 써야 하고 유튜브를 키우려면 영상을 잘 찍어야 하는 게 아닌가?' 하는 의심이 들 것이다. 하지만 내가 쓴 글이나 강의를 봤다면 '나도 할 만하겠는데?' 싶은 생각이 들 것이다.

장담하건대, 이것은 재능의 영역이 아니다. 누구나 익힐 수 있는 수준의 지식을 제법 괜찮은 콘텐츠로 만들어 내는 것은 재능보다는 진심의 영역이며, 콘텐츠를 잘 기획해서 판매하는 것 또한 재능보다는 누구나 쉽게 습득할 수 있는 기술의 영역이다.

재능이 없다면 자본이라도 든든하게 갖춰져 있어야 하는 게 아닐까 하는 마음에 시작조차 해 보지 않고 포기하는 사람들이 있다. 하지만 자본은 일을 좀 더 손쉽게 해 주는 도구가 될 수는 있어도, 꼭 필요한 조건은 아니다. 나는 온라인 비즈니스를 시작하기 전에도 돈 없이 무자본으로 영어 학원을 창업했다. 간단한 마케팅·브랜딩·세일즈 방법을 적용해서 빠른 시간에 어엿한 사업체로 자리 잡았다. 자본이 들지 않았기 때문에 실패해도 손해 볼 일이 없다는 것은 오히려 장점이기도 하다. 온라인 비즈니스는 사무실조차 없이 시작할 수 있기 때문에 더 손쉬운 창업이 가능하다.

나는 코로나19로 잘되던 사업이 위기를 겪으면서 무작정 온라인 비즈니스 세계로 뛰어들었다. 그리고 시행착오를 겪으면서 하나씩 노하우를 쌓고 작은 성공을 이루기 시작했다. 온라인 비즈니스야말로 학벌, 재능, 경력과 상관없이 누구나 뛰어들어 성공을 맞볼 수 있는 분야가 아닌가 싶다. 실패해도 큰 빚을 질 위험이 없으니 부담도 적다.

당장 비즈니스를 시작하지 않더라도 마케팅·브랜딩·세일즈의 기본을 알아 두면 반드시 쓸모가 생긴다. 어떤 일을 하든 우리가 돈을 벌기 위해 하는 모든 일에는 이 세 가지가 유용하게 쓰이기 때문이다. 상품 자체에만 신경 쓰기보다 마케팅·브랜딩·세일즈의 기술을 익혀서 적용한다면 한발 앞서 나갈 수 있다. 사업자라면 꼭 익혀야 할 기술이며, 사업자가 아니라도 사람의 마음을 움직이고 부추길 수 있는 이러한 기술을 익힌다면 어디에서든 주목받는 인재가 될 수 있다.

이 책을 통해 단순히 인터넷에 돌아다니는 정보가 아닌, 내가 직접 경험하고 익힌 정보와 지식을 적나라할 만큼 솔직하게 전하기 위해 노력했다. 우리는 다양한 정보가 넘쳐 나고 유행과 시류가 급변하는 사회 속에 살고 있다. 이러한 분위기 속에서 한 시기에만 통하는 얕은 지식을 넘어 어느 때라도 사용할 수 있는 원리를 알려 주려고 한다.

우리는 누구나 비즈니스 설계자가 될 수 있다. 지금까지는 단지 방법을 몰랐을 뿐이다. 몇 가지 도구만 갖춘다면 언제든 탁월한 비즈니스 설계자로 거듭날 수 있다. 같은 지식 콘텐츠라도 설계자의 능력에 따라 월 1,000만 원은 거뜬히 버는 상품으로 탈바꿈할 수 있는 것이 우리 앞에 주어진 시대의 흐름이다. 이 책이 그 시작을 위한 다리가 될 수 있기를 바란다.

2024년 3월

노마드크리스(박가람)

비즈니스의 도구들

chapter **3**

온라인 비즈니스 설계

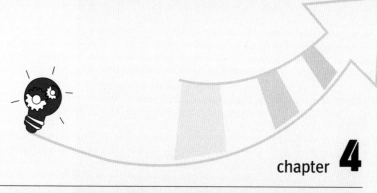

고수익을 위한 설계 업그레이드

CHAPTER 1

부의 설계자

돈 버는 일은
재능의 영역이 아니다

　나는 '재능이 없는 사람', 말 그대로 노재능러다. 학벌도 좋지 않다. 지방대를 나왔다. 학벌 좋은 사람, 재능 있는 사람에게 더 많은 기회가 주어지고 더 긍정적인 평가가 내려지는 이 사회의 기준으로 보면 내세울 만한 게 별로 없다고 볼 수 있다. 금수저도 아니라서 선뜻 일을 벌일 만한 자본도 없다. 그렇다고 친화력이 좋지도 않고, 설상가상으로 부지런하지도 않다. 낯을 무척 가리고, 오히려 게으른 편에 가깝다. 그런데 어떻게 돈을 벌 수 있었을까?

　과거에는 돈도 재능 있는 사람들이 버는 것이라고 여겼다. '나는 지방대 출신이라서 큰돈은 못 벌 거야'라고 생각했다. 학벌이 있어야 큰돈을 버는 일도 가능하다고 판단해서 스물두 살의 나이에 뒤늦게 재수를 하기도 했다. 하지만 공부는 내가 잘할 수 있는 분야가 아니었고, 결국 포기했다. 그런데 사회생활을 하면서 고졸이거나 지방대를 나왔거나 상관없이 돈을 잘 버는 사람을 여럿 만나며 생각이 바뀌기 시작했다.

나는 2010년부터 대전에서 영어 학원을 운영했다. 영어를 전공하지도 않았고, 사업 감각이 남다르게 뛰어났던 것도 아니다. 유학을 다녀오지도 않았다. 그런데도 과감하게 영어 학원을 차릴 수 있었던 것은 영어 스터디를 하면서 조금씩 자신감을 쌓았기 때문이었다.

영어 스터디를 하기 전까지만 해도 나는 아주 한심한 삶을 살았다. 대학도 5년이나 휴학했는데, 그동안 돈을 모으거나 무언가를 배운 것도 아니었다. 그냥 허송세월하다가 다니던 학교에 복학했다. 정신 차려 보니 스물여섯 살임에도 불구하고 아직 2학년이고, 졸업을 하면 무려 스물아홉 살이었다. 알아주지 않는 학교의 독일어 전공이라 졸업해도 번듯한 회사에 이력서를 쓰기 힘든 상황이었다. 졸업한 이후가 너무 두려웠던 나는 일단 뭐라도 해 봐야겠다는 생각으로 영어 공부를 시작했다.

여럿이 함께 공부하는 것이 좋을 것 같아서 스터디를 찾아봤다.

하지만 낯가림이 너무 심해서 누군가 만들어 놓은 스터디에 들어가기가 멋쩍었다. 결국 내가 직접 스터디를 하나 만들었다. 책임감 때문이었는지 제법 열심히 스터디를 운영했다. 그렇게 1년 동안 스터디를 하다 보니 영어를 가르치는 일도 재밌을 것 같다는 생각이 들었다.

스터디를 만들었을 때처럼 덜컥 영어 학원을 차렸다. 아직 졸업하기 전이었고, 대단한 자본을 투자한 것도 아니었기에 큰 부담은 없었다. 학생들을 대상으로 하는 학원은 아니었다. 성인 대상이었고, 토익은 빼고 회화만 가르쳤다. 물론 어설픈 실력이었기 때문에 한 달도 안 돼서 그만두는 수강생이 많았다. 재등록이 이어지지 않으니 시간이 갈수록 매출이 떨어졌다. 한 달에 200만 원도 못 버는 일이 많았지만 졸업 전에 좋은 경험을 했다고 생각했다.

문제는 대학을 졸업하면서부터였다. 이때부터는 부업이 아닌 본업으로 사업을 꾸려 나가야 하는데, 200만 원도 못 벌어서는 희망이 보이지 않았다. 빠듯한 생활과 미래에 대한 불안감으로 중간에 보험회사에도 들어가 보고 다른 학원에 취업을 하기도 했다. 그러다가 6년 차쯤부터 서서히 수익이 늘기 시작했다. 어느 순간 한 달에 500만 원의 매출을 거두고 700만 원, 1,000만 원의 매출도 경험하게 되었다. 이후 평균적으로 월 1,000만 원의 매출이 나오기 시작했다.

어떻게 이런 일이 생길 수 있었을까? 갑작스럽게 행운이 찾아왔거나 몰랐던 재능을 발견한 것일까? 둘 다 아니다. 그저 한 가지에 집중하면서 버티다 보니 시행착오를 겪으면서 어느덧 상황이 무르익었던 것이다. 그리고 잘되는 때를 맞이한 것이다.

사람들은 일을 추진하다가 중간에 정체가 되면 포기하는 경우가 많다. 하지만 나는 포기하지 않았다. 남다른 결심을 했다거나 대단한 계획이 있었기 때문에 포기하지 않은 것은 아니다. 나는 포기할 수가 없었다. 영어 학원 외에는 할 수 있는 것이 없었기에 버텼다.

희망이 하나 있었다면 당시 서울에서 회화 학원이 꽤 유행했다는 점이었다. 조만간 내가 살고 있는 대전에도 회화 공부가 유행하지 않을까 싶었다. 몇 년만 더 지나면 돈을 벌 수 있을지도 모른다는 기대감으로 버텼다. 그렇게 6년 차쯤 되자 정말 수입이 늘어나기 시작했다. 하지만 전혀 예상하지 못한 방향에서 파생된 변화였다.

2010년 무렵은 청년 실업률이 나날이 증가하면서 갈수록 취업이 어려워지고 결혼과 연애도 쉽지 않다고 느끼는 시기였다. 그 영향인지 혼자 살기로 마음먹은 사람이 늘어났다. 기혼자들은 자녀 양육비나 생활비 등을 부부가 함께 계획하고 의논해서 써야 하니 취미나 자기개발을 위해 돈을 쓰기가 쉽지 않다. 하지만 결혼에 관심 없는 사람들은 자기 자신을 위해 돈을 쓰는 경향이 있다. 미래가 불확실하니 결혼 준비를 위해 돈을 모으는 대신 취미 생활을 하고 여행을 다니는 데 지출하는 이들이 많아졌다.

SNS 프로필로 해외여행 사진을 걸어 놓는 일도 흔했다. 그리고 공교롭게도 해외여행을 갔다가 자신의 영어 실력이 형편없음에 충격을 받고 학원에 등록하는 사람이 많아진 것이다. 나는 국내 대기업들이 전면적으로 영어 면접을 시행하면 학원의 형편이 조금 나아지지 않을까 전망했는데, 전혀 예상치 못한 곳에서 가능성이 터진 것이다. 만약 중간에 그냥 포기했다면 이런 기회는 맞이하지 못했을 것이다.

학원은 점점 커졌다. 당시 대전의 대형 영어 학원들은 토익 위주로 운영되었기 때문에 학생이 많아도 회화 수업을 듣는 사람은 100명도 되지 않았다. 나는 곧 대전의 영어 회화 학원 중에서 가장 많은 인원이었던 300명까지 수강생을 모았다.

이때 깨달았다. 돈을 버는 일은 재능의 영역이 아니다. 때때로 운이 필요하지만, 재능과는 상관없이 내가 할 수 있는 일이 무엇인지 파악하고 나름의 노력을 지속하면서 버티다 보면 놀라운 결과를 불러올 수 있다.

불안을 극복하려는 노력

어느덧 학원은 제법 자리를 잡았는데, 나는 불안했다. 그 이유는 여러 가지였지만 대략 다음의 세 가지로 요약할 수 있었다.

첫째, 내가 언제까지 영어를 가르칠 수 있을까?
둘째, 나의 실력으로 초급이나 중급을 가르칠 수는 있지만 고급을 가르치기엔 무리다.
셋째, 돈을 더 벌기 위해서는 지금보다 더 많이 일을 해야 한다.

우선 가장 큰 불안 요인은 나이를 먹는다는 것이었다. 점점 나이가 들어 언젠가는 노인이 될 텐데, 누가 할아버지에게 영어를 배우려고 할까? 영어 회화도 시대에 따라 유행하는 표현이 있고, 강사라면 수강생들의 관심사를 함께 공유할 수 있어야 한다. 결국 나이가 들수록 내 영어 수업도 인기가 줄어들 것이라는 불안감이 들었다.

나는 영어를 전공하지도, 유학을 다녀오지도 않았다. 가끔 수강생 중에는 나의 강의를 의심하는 사람도 있었다. 겉으로 내세울 만한 학벌이나 자격증 같은 것이 없기 때문이었다.

게다가 지금보다 돈을 더 벌기 위해서는 훨씬 더 많이 일해야 한다는 점도 문제였다. 나는 하루 세 시간 정도 강의를 했고, 나머지 시간에 수업 준비를 하고 전화 상담을 하고 사무 업무를 처리했다. 수업 시간을 더 늘리는 일은 체력적으로 힘들었다. 무리해서 강의 시간을 늘릴 수는 있겠지만, 그런 생활을 지속해서 유지하기는 어려울 것 같았다. 나는 그렇게 에너지가 넘치는 사람이 아니었다.

이 모든 불안감을 해결할 방법이 필요했다. 일단 강의의 신뢰도를 높이기 위해 테솔TESOL 자격증을 취득했다. 그리고 강사를 고용하기로 마음먹었다. 사실 강사 고용이 처음은 아니었다. 고용했던 강사가 퇴사할 때 수강생들이 따라 나가는 모습을 보고 차라리 혼자 수업하는 것이 마음 편하다는 생각에 그렇게 운영해 왔다. 하지만 오랫동안 학원을 유지하면서 수익도 늘리기 위해서는 강사 고용이 필수적이라고 판단했다. 결국 누구를 뽑아도 내가 만든 교수법으로 강의할 수 있게 시스템을 만들고 강사를 고용했다.

한번 성공을 맛봤다고 해서 그것이 영원히 유지된다고 보장할 수는 없다. 비즈니스에는 항상 불안 요소가 잠재되어 있다. 문제가 닥쳤을 때, 혹은 닥치기 전에 한발 앞서서 불안을 없애거나 줄일 수 있는 방법을 고민해야 한다. 하지만 어떻게 해도 도저히 예측할 수 없는 불안이 들이닥칠 때가 있다.

내가 '온라인 수익화'에 관심이 생긴 것은 코로나19 팬데믹 발생 이후였다. 코로나19로 학원을 수개월 휴업한 시기였다. 당시 나는 멘탈이 탈탈 털린 상태였다.

처음 한두 달은 버틸 만했다. 하지만 휴업으로 수입은 없는데 학원 월세와 직원들 월급은 줘야 하는 상황이 길어지자 그야말로 미칠 것 같았다. 정부에서 고용유지지원금을 받고 대출도 받아서 겨우 월급을 줬다. 그 와중에 아이도 태어나서 돈 들어갈 일은 점점 늘어났다. 이것저것 쓸 돈은 신용카드로 결제하고, 카드 대금 상환 유예 신청을 했다. 6개월 동안은 카드값을 갚지 않아도 됐다. 잠시 한숨 돌렸지만 6개월 후를 상상하니 정말 무서웠다. 1,000만 원 넘는 카드값을 내야 할 생각에 앞이 캄캄했다.

모든 상황이 원망스러웠다. 하지만 나에게 코로나19를 치료할 능력이 있는 것도 아니었기에 겁먹은 수강생들을 억지로 불러낼 수도 없는 노릇이었다. 현실에서 할 수 있는 일을 찾아야 했다.

아무리 생각해도 당장 큰돈을 벌 방법은 없었다. 불안한 마음을 다스리기 위해 지금 바로 실천할 수 있는 일이 무엇일지 고민했다. 우선 잘못된 습관을 끊기로 했다. 하릴없이 인터넷 서핑하는 습관을 버렸다. 그러자 할 것이 없었다. 나는 게임을 하는 사람도 아니었다. 그래서 그냥 하염없이 걸었다. 운동을 하려고 해도 헬스장까지 문을 닫았던 시기였다. 코로나 때문에 미세먼지가 적어진 탓인지 날씨는 참 화창했다. 그때 나는 하루 세 시간이 넘도록 걸었다. 나중에는 걸으면서 책을 읽을 수 있으면 좋겠다는 생각에 오디오북을 들으며 걸었다. 그렇게 독서와 걷기가 가장 중요한 일과가 되었다. 집에 와서는 유튜브를 보며 돈을 벌 만한 부업이 없는지 찾았다.

영어 학원을 온라인으로 운영할 수 있지 않을까 고민하기도 했다. 하지만 이미 많은 업체가 진출해 있었다. 뒤늦게 온라인에서 수익을 만들기는 힘들어 보였다. 강의를 녹화해서 팔아 볼까 싶은 생각에 홈페이지도 만들었지만 지지부진했다.

그즈음 온라인 수익화라는 것을 알게 되었다. 블로그나 유튜브 등의 온라인 플랫폼을 잘 운영해서 돈을 버는 사람이 많다는 것은 대충 알았지만, 구체적으로 어떻게 돈을 벌 수 있는지는 잘 몰랐다. 막연하게 구독자 수나 조회 수가 높으면 광고가 붙어서 돈을 버는 것이라고 짐작만 할 뿐이었다.

하지만 온라인 수익화 방법에 관해 알게 되면서 느낀 점은 '이렇게 돈을 버는 사람들이 있구나' 하는 놀라움이었다. 온라인으로 돈을 버는 방법은 내가 생각했던 것보다 훨씬 더 폭넓고 다양했다. 특히 지식 상품이 눈길을 끌었다. 지식 콘텐츠를 가공해서 판매하는 비즈니스를 보통 지식 창업이라고 이야기했다.

사실 지식을 판매하는 일은 늘 존재해 왔다. 길에서 흔하게 보는 다양한 학원들도 알고 보면 지식을 판매하는 곳이라고 할 수 있다. 내가 운영했던 영어 학원 또한 영어라는 지식을 판매하는 곳이었다. 다만 온라인 비즈니스 창업은 특정한 장소에 모여서 가르치고 배우는 것을 넘어, 지식이라는 것을 언제든 열어 볼 수 있게 제품으로 만들어서 판매하는 일이다.

지식 콘텐츠 상품에 관해 좀 더 알기 쉽게 설명하자면 전자책이나 VOD 강의, 라이브 특강 같은 콘텐츠를 판매하는 것이다. 어느새 온라인에서 원하는 지식을 찾아서 돈을 내고 이러한 전자책이나 강의를 사서 보는 사람이 많아졌다. 바로 시장이 형성되어 있다는 의미다. 이때까지만 해도 내가 그와 같은 삶을 살게 될 줄은 몰랐다.

부자가 되기 위한 구상

'상상'에는 큰 힘이 있다. 내가 어떤 재능도 없이 돈을 벌 수 있었던 가장 큰 원동력도 상상에서 비롯됐다.

상상이라고 해서 무언가 거창하거나 대단히 창의적인 아이디어를 말하는 게 아니다. '자고 싶은 만큼 실컷 자다가 일어나고 싶을 때 일어날 수 있다면 얼마나 좋을까?' '보기 싫은 사람을 안 만나고 살면 스트레스도 쌓이지 않겠지?' '하고 싶은 일만 하면서 살면 얼마나 좋을까?' 그냥 누구나 흔하게 꿈꾸는 일상적인 바람이다. 그런데 이렇게 살려면 얼마를 벌어야 할까?

상상은 큰 힘이 있지만, 상상하는 데서 그치면 아무런 변화도 일어나지 않는다. 하지만 일단 상상이 모든 일의 출발점이다. 그리고 그 상상을 실제로 이룰 수 있다고 믿어야 한다. 나는 정말 재능이라곤 없는 사람이었지만 '언젠가는 월 1,000만 원을 벌겠어!'라는 생각을 하면서 그 상황을 상상했다. 실제로 월 1,000만 원을 벌게 되면서는 '월 1,000만 원을 벌었으니 5,000만 원도 벌 수 있지 않을까?' 하는 생각을 했다. 그 생각은 점점 자라서 '그렇게 될 수 있을 거야'라는 믿음으로 발전했다.

구체적인 상상을 할수록 길이 보이기 시작한다. 그리고 상상을 이룰 수 있다고 믿어야 한다. 스스로 믿지 않으면, 누구도 자신을 먼저 믿어 주지 않는다. 하지만 굳건한 믿음이 있으면 결국 꿈꾸던 목표보다 훨씬 더 많은 것을 얻을 수 있다.

온라인 수익화에 관심이 생기면서 학원 사업이 아니어도 돈을 벌 수 있을 것이라는 기대가 생겼다. 온라인 매체를 이용해 시간과 공간의 제약을 받지 않고 일하는 내 모습을 상상했다. 블로그 강사, 온라인 무자본 창업, 콘텐츠 크리에이터 등등 익숙한 단어로 조합된 낯선 비즈니스 분야는 흥미로워 보였다. 파워블로거들을 살펴보고 여러 유튜버의 영상을 찾아보면서 막연히 나도 저런 걸 해 봐야겠다는 생각을 하기 시작했다. 일단 학원 운영은 당장 어쩔 수 없으니 부업으로 뭐라도 해야겠다는 마음이었다.

하지만 뭘 어떻게 시작해야 할지 알 수 없었다. 다만 많은 사람이 우선 블로그를 해 보라고 권하고 있었다. 그래서 일단 블로그를 키워 보기로 마음먹었다. 온라인 비즈니스까지는 아니더라도 블로그를 잘 키워 놓으면 학원의 홍보를 위해서도 도움이 될 테니 시간과 노력을 투자해도 후회하지 않을 것 같았다.

사실 블로그 운영을 안 해 봤던 것은 아니다. 그러나 항상 글을 몇 개 쓰고 그만두기를 반복해 왔다. 그래서 이번에는 그만두지 않고 끝까지 해 보는 것을 첫 번째 목표로 정했다. 해낼 수 있을 것 같은 예감이 들었다.

상상이 무엇보다 중요한 이유는 본격적인 설계를 시작하기 전의 구상 단계이기 때문이다. 구상 없이는 어떤 것도 설계할 수 없다. 우리는 비현실적인 듯한 상상을 현실에서 이루기 위해 구체적인 상황을 그려 보고 실현 방법을 따져 본다. 이토록 평범한 내가 돈을 벌 수 있었던 것도 수많은 상상이 그 시작이었다. 상상을 통해 내가 이루고 싶은 목표를 정해 놓고, 그 방향으로 갈 수 있는 길을 찾기 시작했다.

누구나
변화하는 방법

블로그 시작 초기에는 에너지를 너무 쓰지 않고 습관을 들이는 일에 집중했다. 아무리 허접해도 3주 동안 빠지는 날 없이 글을 써서 올리자고 마음먹었다.

앞서 말했듯이 나는 타고난 재주가 별로 없는 사람이다. 글쓰기역시 마찬가지다. 하지만 블로그에 올리는 글에는 대단한 문장력이 필요하지 않다고 생각했다. 물론 자신만의 감각적인 글쓰기로재미와 감동을 주는 사람도 있겠지만, 나는 그렇게 할 수 있는 사람이 아니었다.

일단 빨리, 쉽게 글쓰는 요령을 터득하기 위해 여러 가지 시도를 했다. 당시 연습 삼아 썼던 글들을 보면 거의 아무 말 대잔치나 다름없다.

그러면서 깨달았다. 애초에 문장을 간결하게 쓰면 수정할 곳이 많지 않다는 점이었다. 한번 수정하기 시작하면 글을 쓰는 시간만큼 수정 시간이 걸리기 때문에 번거롭게 느껴진다. 일단 글을 올리는 게 중요했기에 수정하지 않고 바로바로 올리는 습관을 들일 수 있도록 최대한 짧게 문장을 쪼개서 썼다. 과정을 간결하게 하니 꾸준히 할 수 있었고 포기하지 않을 수 있었다.

안 하던 일을 꾸준히 지속하려면 습관으로 만들어야 한다. 습관화가 되면 쉽게 그만두지 못한다. 이 점을 염두에 두고 글의 품질보다는 습관 들이기에 집중했다. 잘 쓰고 싶다는 욕심을 버렸더니 하루 5분의 투자로도 블로그 글쓰기가 가능해졌다. 지금 봐도 '정말 5분 안에 썼구나' 느껴지는 글들이다.

블로그든 유튜브든 돈을 벌기 위해 무언가를 시작했는데 수익화를 맛보기도 전에 그만두는 이유는 습관이 되지 않았기 때문이다. 나 역시 코로나19 이전에도 블로그 운영을 시도한 적이 있지만, 결국 습관이 배지 않아 지속하지 못했다. 야심 차게 유튜브를 시작해 놓고 드문드문 영상을 올리다 마는 이유 또한 습관이 만들어지지 않아서다. 그렇게 한참 시간을 흘려보내고 난 뒤에 여전히 미미한 나와 다르게 훌쩍 성장한 누군가의 채널을 보고 다시 시작해 보려는 마음을 먹으면서 '그때부터 지금까지 매일 꾸준히 했으면 내 인생은 대박이 났을 텐데…' 하는 부질없는 후회를 한다.

만약에 습관을 들이는 일을 먼저 시작했다면 포기하지 않았을 것이다. 대부분의 사람은 동기로 인해 새로운 습관을 가지려고 한다. 동창회에 다녀왔는데 경쟁자였던 녀석이 잘나가니 배 아파서 나도 당장 무언가 시도해 보겠다, 새해니까 시작해 보겠다 등등 여러 가지 동기를 갖다 댄다. 하지만 이 동기는 오래가지 못한다. 동기는 습관을 들일 때 지속할 힘을 조금 보태 줄 뿐이다.

미국 스탠퍼드대학교 행동설계연구소의 소장인 B.J. 포그B.J. Fogg 는 습관을 만들기 위해서는 다음과 같은 공식을 따라야 한다고 했다.

$$B = MAT$$

여기서 B는 비헤이비어behavior(행동) M은 모티베이션motivation(동기) A는 어빌리티ability(능력) T는 트리거trigger(결정적 계기)를 뜻한다. 즉, 행동이 습관이 되기 위해서는 동기와 능력과 결정적 계기가 필요하다는 것이다.

동기만으로는 행동을 지속해서 견인할 수 없다. 새해가 되면 많은 사람이 새로운 마음가짐으로 '헬스장 1년권'을 결제한다. '새해'

는 사람들에게 동기를 불러일으키기 좋은 시기다. 하지만 일주일도 안 돼서 그만두는 일이 허다하다. 동기가 지속적인 행동으로 이어지기 위해서는 능력이 뒷받침되어야 한다. 헬스장에 가서 운동할 수 있는 체력이 있어야 가능한 것이다. 자기 능력을 고려하지 않고 등록 첫날부터 근육통이 생길 정도로 무리해서 운동하면 다음 날에는 다시 운동을 갈 엄두가 나지 않는다. 그럼 어떻게 해야 계속해 나가는 습관을 만들 수 있을까?

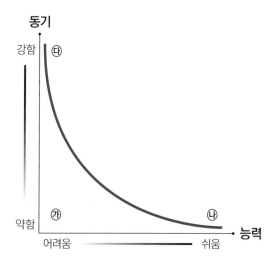

■ 포그의 행동 모형 그래프

포그의 행동 모형에 따르면, 그래프상의 곡선보다 위쪽의 상황에 놓여 있을 때 결정적 계기가 발생하면 우리는 행동하게 된다. ㉮의 위치는 동기는 약한데 많은 능력이 요구되는 어려운 일이 주어졌을 때다. 이런 상황에서는 행동이 일어나기가 힘들다. ㉯의 위치 또한 동기는 약하지만, 능력이 많이 요구되지 않는 쉬운 일이 주어졌을 때다. 이런 상황에서는 비교적 행동하기가 쉽다. ㉰의 위치에서도 많은 능력이 요구되는 어려운 일이 주어지지만, 이때는 강한 동기가 작용해서 상대적으로 행동이 일어날 가능성이 높다.

나는 주로 ㉯의 상황에서 해 볼 수 있는 것부터 시작한다. 너무 거창한 동기를 만들지 않고 작은 능력으로도 충분히 해낼 수 있는 일을 하려고 한다. 그렇다면 헬스장에 가서 일단 쉬운 운동부터 도전하면 될까? 나는 그보다 '집 밖에 나가기'를 먼저 시도해 볼 것을 권하고 싶다. 이렇게 아주 쉬운 일부터 차근차근 도전하다 보면 능력이 조금씩 향상되고, 자신을 더욱 업그레이드하고 싶다는 강한 동기가 형성된다. ㉰의 상황에서 행동할 수 있는 추진력이 생기는 것이다. 그렇게 습관을 만들어 나갈 수 있다.

나는 4년 전부터 지금까지 꾸준히 헬스장을 다니고 있다. 하지만 헬스장에 등록하기 전에 3년가량 '밖에 나가기' '집에서 팔굽혀펴기 10개 하기' 등 쉽게 행동할 수 있는 것을 시작으로 서서히 습관을 만들어 나갔다.

이처럼 작은 능력으로도 바로 시작할 수 있는 일부터 해야 한다. 습관을 들일 때 어려운 일부터 목록에 작성한다는 것은 게임에서 레벨이 1밖에 되지 않는 새내기가 처음부터 보스를 잡겠다고 하는 꼴이다. 당연히 결과는 실패로 이어진다. 실패가 계속 쌓이면 사람은 무기력해진다. '나는 이것밖에 안 돼'라고 자책하거나, '어차피 그 습관은 나에게 쓸모가 없어, 살 빼서 연예인이 될 것도 아닌데 말이지'라는 식으로 정신승리를 시도한다.

나는 5분간 아무 말 대잔치를 한다는 생각으로 블로그를 시작했다. 하루에 몇 시간이 아니라 단지 5분만 투자하는 것이다. 하루 5분이라고 하면 심리적 부담감이 사라진다. 하지만 또 그만큼 하찮게 느껴져서 의도치 않게 실천하는 일을 까먹기도 한다. 그래서 선뜻 실천할 수 있게 만드는 결정적 계기, 즉 트리거가 필요하다. 그 일을 반드시 실행할 수 있게 일상에 규칙적인 트리거를 설정해두는 것이다. 나는 '잠자기 전 아무 말 대잔치 5분 포스팅'이라는 규칙을 세웠다. 아주 사소한 행동도 3주 이상 꾸준히 지속하면 반영구적인 습관으로 자리 잡힌다. 사람마다 편차는 있겠지만 습관 전문가들은 최소 3주, 즉 짧게는 21일에서 길게는 83일 정도 반복해서 행동하면 습관이 된다고 말한다. 평균적으로 66일가량을 꾸준히 노력하면 누구나 습관을 만들 수 있는 것이다.

내가 블로그를 꾸준히 할 수 있었던 이유는 강한 의지력 같은 것 때문이 아니다. 의지가 약한 사람도 습관을 만들기 위해 사소한 노력을 거듭하면 누구나 꾸준히 할 수 있는 사람으로 거듭난다. 다만 너무 사소해서 잊어버리지 않도록 트리거를 설정해 놓으면 도움이 된다.

3주의 시간이 지나고 습관이 장착되면 자연스럽게 욕심이 올라온다. 나 역시 5분 동안 아무렇게나 쓴 글로 블로그를 채우는 것을 넘어 좀 더 잘하고 싶다는 마음이 생겼다. 동기와 능력이 한층 업그레이드된 것이다. 당시 초보 네이버 블로거들끼리 통하는 블로그를 잘한다는 기준은 일단 일 방문자 수가 1,000명이 넘는 것이었다. 이를 달성하면 '블로그 잘한다'라는 말을 들었다. 블로그 강사들이 들으면 터무니없다고 할지도 모르지만, 당시 나와 소통하던 이웃들의 인식은 그랬다.

집에서
1,000만 원을 버는 노하우

나는 2020년 코로나19 팬데믹 이후 블로그를 시작했고, 2개월 만에 블로그 강사가 됐다. 내가 블로그 운영에 탁월한 재능이 있었다거나 누구보다 블로그에 관한 이해도가 높았기 때문은 아니었다. 그렇다면 어떻게 이런 일이 가능했을까?

내가 장담할 수 있는 것은 실행하는 사람은 무조건 돈을 벌 수 있다는 사실이다. 일단 실행해야 1만 원이라도 벌 수 있다. 하지만 생각만 하고 실행하지 않는 사람의 수익은 당연히 0원이다. 변화하려는 마음을 먹고 실제로 해 나가는 것이 중요하다.

블로그를 시작하면서 10년 동안의 사업 경험을 풀어내는 것을 주제로 삼았다. 사업 컨설팅을 할 수 있게 칼럼을 써서 브랜딩을 해야겠다고 생각한 것이다. 일단 시도는 거창했지만, 정작 써 놓은 첫 칼럼은 허접하기만 했다. 당연히 읽어 주는 사람은 없었다. 방문자도 몇 명 없었다.

하지만 무엇이든 첫술에 배부를 수는 없기에 일단 시작하고 꾸준히 이어 나가는 것에 집중했다. 나는 소소한 돈이나 벌자고 이 일에 뛰어든 것이 아니었다.

학원 운영을 재개해도 휴업하는 동안 떠났던 300여 명의 수강생이 온전히 모두 다 돌아오리라는 보장은 없었다. 하지만 학원을 접는 게 아닌 이상 직원들 월급은 계속 지급해야 했다. 이러다가는 파산하겠다는 생각이 들었다. 당시 파산을 면하려면 최소한 한 달에 1,000만 원가량의 돈이 필요했다. 그래서 무슨 일을 벌이든 한 달에 1,000만 원을 벌어야 한다는 목표가 있었다. 1,000만 원은 일종의 배수진이었다. 무조건 그 돈을 벌어야 한다는 의무감이 마음을 압박했다.

내가 생각하기에 한 달에 1,000만 원을 버는 사람과 몇십만 원을 버는 사람, 그리고 전혀 벌지 못하는 사람은 첫 단추에서 이미 결정되는 듯하다. 우리 뇌에는 '망상 활성계'라는 것이 있다. 각성에 관여하는 신경계 중 하나로, 감각 정보를 선택해서 대뇌로 보내는 역할을 한다. 그런데 이 망상 활성계는 우리가 골몰하는 것에 집중한다.

만약 신발을 사겠다는 목표가 생겼다고 해 보자. 길을 걸으면서도 사람들의 신발을 주로 보게 된다. 특히 내가 사려는 브랜드의 신발을 신은 사람을 빠르게 포착한다. 망상 활성계는 수많은 데이터를 초고속으로 처리하는 슈퍼컴퓨터보다도 우수하다. 포털 사이트에 사고 싶은 신발 브랜드를 입력하면 그 브랜드의 신발들이 검색되는 것처럼, 사고 싶다고 생각하는 것만으로도 내가 원하는 신발 브랜드가 길에서 바로 눈에 띄기 시작하는 것이다.

세계적인 비즈니스 컨설턴트이자 베스트셀러 작가인 브라이언 트레이시Brian Tracy는 목표를 종이에 적거나 목표가 이루어진 것처럼 시각화하는 일이 목표 달성을 돕는다고 이야기했다. 이는 우리 뇌의 망상 활성계가 목표를 기억하고, 무의식적으로 목표를 이룰 수 있는 정보를 빠르게 알아챈 다음, 그 길로 나아가도록 부추기기 때문이다. 1,000만 원을 벌겠다는 간절한 목표가 있으면 무의식적으로 그것을 이루기 위한 행동을 한다는 것이다. 반면에 목표가 없는 사람이 무의식적으로 어떤 행동을 하기는 어렵다.

그래서 나는 한 달에 1,000만 원을 벌겠다는 뚜렷한 목표를 세우고, 그것이 이루어지는 상상을 했다. 이때부터 나의 망상 활성계는 자연스럽게 1,000만 원을 벌 수 있는 정보를 탐색하는 일에 집중했다. 내가 누구보다 빠르게 1,000만 원의 수익을 달성할 수 있었던 이유는 이처럼 처음부터 분명한 목표를 설계해 두었기 때문 이라고 확신한다.

우선 나는 블로그로 1,000만 원을 버는 사람을 찾았다. '블로그 를 운영해서 월 1,000만 원을 버는 사람은 누가 있을까?' 생각하 면서 이 사람 저 사람의 블로그를 탐방했다. 블로그로 1,000만 원 을 버는 사람은 대부분 블로그 강사였다. '이거구나!' 싶었다.

곧바로 블로그 강사들이 판매하는 콘텐츠를 살펴봤다. '블로그 로 월 100만 원을 버는 방법' 같은 제목의 전자책이며 강의가 눈에 띄었다. '100만 원 버는 방법을 익혀서 응용하면 1,000만 원도 벌 수 있지 않을까?' 하는 생각으로 전자책을 구매했다. 구매한 전자 책에서는 쿠팡 파트너스, 혹은 협찬 및 체험단으로 원고료를 받는 방법을 설명하고 있었다. 그중에서 최대 월 1,000만 원의 수익을 올린 적도 있다는 말에 기대감이 부풀었다. 그런데 수익 인증 내용 을 보니 협찬이나 체험단 활동만으로 1,000만 원을 번 것이 아니 었다. 거기에는 블로그 강의와 전자책 수입이 포함되어 있었다.

상황이 이렇다 보니 나도 블로그 강사를 해야겠다는 생각이 들 었다. 문제는 그다음이었다. 도대체 어떻게 해야 블로그 강의를 할 수 있단 말인가? 나는 망상 활성계가 새로운 정보를 적극적으로 인 지할 수 있도록 좀 더 구체적으로 설정된 목표에 다시 집중했다.

상상을 현실로
만드는 시도

'원래 타고난 재주가 없어서' '글을 잘 쓸 줄 몰라서' '말을 잘 못해서' 시도해 볼 생각도 하지 않고 이렇게 핑계를 대기 시작하면 어떤 변화도 만들어 낼 수 없다.

목표가 있고 그것을 이루기 위해 반드시 해야 하는 일이 있다면, 특별한 재능이 없어도 누구나 시간을 투자하고 조금만 노력해서 할 수 있는 일이라면, 그 일을 통해서 돈을 벌 수 있다면, 반드시 그 일을 해내야 한다.

일단 나처럼 아무 말이나 쓰면서 반드시 블로그를 시작해야 한다는 뜻이 아니다. 돈을 벌고 싶다면 나는 과연 어떻게 해야 할지 고민해야 한다는 의미다. 아주 미미한 시도라도 시작을 해야 언젠가 변화를 맛볼 수 있다.

> 어제와 똑같이 살면서 다른 미래를 기대하는 것은 정신병 초기 증세다.
>
> _알버트 아인슈타인Albert Einstein

아인슈타인은 이렇게까지 이야기했다. 진짜 돈을 벌고 싶다면 무언가 하나 이상은 반드시 바꿔야 한다. 다이어트를 하고 싶다면 굶든지 운동을 하든지, 무언가는 선택해야 하는 것처럼 말이다.

가만히 상상만 하면서 변화를 꿈꾸는 건 복권 당첨을 노리는 것과 다름없다. 다이어트를 하겠다면서 운동도 식단도 하지 않는 것이나 마찬가지다. 그러면서 다이어트 하는 법을 알려 달라고 해서는 안 된다.

내가 돈을 벌기 위해 시도했던 일은 사실 별것 아니었다. 일단 목표를 구상한 다음 그 길만 닦으면 되는 일이었다. 물론 길을 닦는다는 게 말처럼 쉽지는 않다. 쉽게 나아가는 듯하다가도 한발 더 도약하려고 하면 또 다른 난관이 닥쳐오기 마련이다. 하지만 상상을 현실로 만들기 위한 길에 일단 접어들면 새로운 난관을 극복하는 방법 또한 스스로 찾을 수 있게 된다. 시작하기도 전에 겪어 보지 못한 어려움을 떠올리는 것만큼 어리석은 일은 없다. 지금은 아주 큰 일처럼 여겨질지 모르지만, 막상 여러 단계를 거치다가 만난 난관은 그 수준에서는 그럭저럭 극복할 수 있는 어려움인 경우가 많다.

누구나 목표를 세울 수는 있다. 예를 들어서 '나는 10억을 벌 거야' '난 월 1,000만 원을 벌 거야' 같은 목표는 쉽게 떠올릴 수 있다. 그런데 이룰 수 있는 길이 전혀 없다면 그건 망상이 되어 버린다. 하지만 어떻게 가야 할지 명확하게 길을 그릴 수 있다면 구체적인 구상이 된다.

온라인 세계에서 돈을 버는 것은 재능의 영역이 아니라고 했다. 단지 어떻게 정보력을 키우고, 어떻게 수익화할 수 있는 길을 닦아놓느냐의 문제다. 이토록 리스크가 적은 비즈니스가 또 어디 있단 말인가?

나는 여전히 매일 헬스장에 가고, 이틀에 한 번은 꼭 수영을 한다. 벌써 4년째 이어 오는 습관이다. 그렇다고 해서 무슨 보디 프로필이라도 찍을 만한 몸매를 가진 것은 아니다. 강의할 때 종종 운동을 예로 들어 설명하곤 하는데 심지어 "운동을 예로 들 만한 몸은 아닌 거 같은데요"라는 조롱 섞인 댓글을 받은 적도 있다. 하지만 보디 프로필을 찍을 만한 몸매가 아니라고 해서 운동을 포기할 생각은 없다. 남들이 어떻게 보든 나는 건강을 위해 앞으로도 이 습관을 유지할 것이다.

'대단한 능력이 없다'거나 '아무나 할 수 없을 것 같다'는 핑계로 시도조차 하지 않는 사람들에게 나는 재능을 핑계 삼는 일만큼 치사한 것이 없다고 말한다. 온라인 플랫폼을 통해서 돈을 버는 일도 마찬가지다. 대단한 재능이 있는 사람만 하는 것이라고 치부했다면 나는 진작에 포기했어야 한다. 나보다 훨씬 재능 있고, 구독자도 더 많고, 돈도 수십 배 더 잘 버는 사람이 얼마든지 있기 때문이다. 그럼에도 나는 꾸준히 한다.

운동도 꾸준히 했기에 보디 프로필을 찍을 정도는 아니지만 또래 친구들보다는 뱃살이 없고 근육이 많다. 유튜브나 블로그도 최고의 자리에 올라섰기에 계속하는 것이 아니다. 하지만 최고가 될 수 없다고 시도조차 하지 않았다면 지금껏 벌어들인 수익도 없었던 일이 된다. 나는 영어 학원을 운영할 때도 최고의 강사는 아니었다. 하지만 12년을 꾸준히 몰두했더니 제법 내세울 만한 경력이 되었다.

사람마다 능력 차이가 있는 것은 분명하다. 이 책을 읽고 있는 여러분이 나보다 능력이 뛰어날 수도 있고, 그렇지 않을 수도 있다. 하지만 능력이 뛰어나도 아무런 시도를 하지 않는다면 그 능력은 쓸모 있는 것이 아니다. 나는 무언가 시도하고 나서 후회한 적이 없다. 모든 시도가 성공적이었기 때문은 아니다. 하지만 대부분의 시도는 실패했다고 해서 위협적인 결과로 돌아오지 않는다. 그저 조금 실망스럽거나 창피할 뿐이다. 그러니 일단 꾸준히 시도해 보길 바란다. 나는 최고의 블로거도 유튜버도 아니지만 10년 이상 꾸준히 해 보겠다는 생각으로 온라인 비즈니스 업계에 뛰어들었다. 10년이 지난 후 그동안 쌓아 둔 스토리가 얼마나 큰 가치로 돌아올지 기대된다. 여러분도 그랬으면 좋겠다. 적어도 아예 시도조차 안 하는 사람으로 남지 않길 바란다.

☑ 부록 1

초보의 수익화 시도 방법

블로그의 세계에 들어와 보니 사람들은 방문자 수가 많은 블로그의 글을 굉장히 신뢰하고 추종하는 경향이 있었다. 그래서 나는 우선 블로그 방문자를 늘리기로 마음먹었다.

내 블로그에 방문자가 늘어나려면 내가 쓴 글을 클릭하는 사람이 많아야 한다. 어떻게 하면 많은 사람이 내가 쓴 글을 클릭할 수 있을까?

나는 다음 두 가지에 집중하면서 블로그 포스팅을 작성했다.

① 키워드 포스팅

사람들이 검색을 많이 하는 키워드를 넣어서 글을 쓰는 것이다. '키워드 마스터' '키자드' '블랙키위' 같은 사이트에 들어가 보면 특정한 키워드의 한 달간 검색량을 알 수 있다. 의외로 사람들은 아주 흔하게 쓰는 단어를 검색하는 일도 많다. 그렇게 키워드를 뽑아서 직접 그 뜻을 찾아보고 공부한 다음 포스팅으로 작성한다.

② 가독성 좋은 글쓰기

내가 포스팅한 글을 읽는 사람들이 지루함을 느낄 틈을 주지 않아야 한다. 일단 글이 빽빽하게 들어차 있으면 사람들은 읽기를 귀찮아한다. 특히 요즘처럼 영상 매체가 발달한 시대에는 글이라고 해도 이미지 전환을 해 주는 것이 좋다. 그래서 글을 여덟 줄 정도로 짧고 간결하게 쓴 다음 사진 이미지를 하나씩 넣는다. 이것을 포스팅 내내 반복한다.

키워드로 포스팅을 하면 블로그 방문자가 늘어난다. 검색량이 많고 상위 노출이 용이한 키워드를 가리켜 '황금 키워드'라고 하는데, 이 키워드를 모아서 판매하는 이들도 많다.

더욱 중요한 것은 방문자가 내 블로그에 오래 머물게 하는 일이다. 그래야 네이버 알고리즘이 내가 쓴 포스팅이 좋은 포스팅이라고 인식한다. 알고리즘에 좋은 영향을 주기 위해서는 방문자 수가 늘어나는 것도 좋지만 클릭해서 들어온 사람들의 체류 시간이 길어야 한다. 막상 클릭해서 들어왔는데 글이 빽빽하고 지루하게 느껴진다면 방문자는 몇 초 머무르지 않고 나가 버린다.

그런데 앞의 방법으로 포스팅을 작성했더니 사람들이 내 블로그에 와서 머무는 시간이 3분을 넘어갔다. 길게는 8~10분 정도일 때도 있었다. 키워드 포스팅과 이미지를 삽입한 간결한 글쓰기만으로도 방문자 수가 늘고 사람들이 읽어 주는 글이 된 것이다.

'전국 대학교 순위' '맥박 정상 범위' '말벌에 쏘였을 때의 대처 방법' 등등 나의 전공이나 본업과는 전혀 상관없는 키워드로 많은 글을 썼다. 이렇게 하니 검색을 통해서 들어오는 방문자 수가 확연히 늘어났다.

재미있는 점은 내 블로그의 방문자 수가 늘어난 것을 누가 관심 있어 하는지다. 바로 나의 블로그 이웃들이 관심을 갖고 질문을 하기 시작했다.

"어떻게 방문자 수를 늘릴 수 있었죠?"

"어떤 키워드로 포스팅을 하는 게 좋을까요?"

그래서 나는 다시 칼럼을 통해 블로그 이웃에게 도움이 되는 글을 쓰기 시작했다. 블로그 이웃들은 블로그 관련 글을 유심히 봤다. 그리고 부업이나 수익과 연관된 글에 관심이 컸다.

나는 키워드 포스팅으로 방문자 수를 늘리는 이 간단한 방법을 정리하고 엮어서 강의로 만들어 판매했다. 초보 블로거의 과감한 시도였다.

물론 지금은 방문자 수를 늘리는 글쓰기 방법만 가지고는 블로그 강의를 하기 어렵다. 하지만 당시는 코로나19 팬데믹 사태로 갑자기 경제 상황이 어려워진 사람들이 온라인 수익화를 시도하기 위해 너도나도 네이버 블로그에 진입하던 시기였다. 그중에는 블로그 초보자가 많았고, 초보자들에게는 방문자 수가 많으면 돈을 버는 데 훨씬 유리하다는 블로그계의 통념이 자리 잡고 있었다.

우리는 시시때때로 다양한 분야에 몰두한다. 한때 많은 사람이 〈애니팡〉이라는 게임에 열광했던 적이 있다. 게임에서는 카카오톡 친구로 추가된 사람들의 순위를 볼 수 있었다. 게임을 하지 않는 사람들은 대수롭지 않게 여겼지만, 〈애니팡〉에 몰입한 사람들은 순위에 연연했다. 〈애니팡〉이라는 세계에서는 그 등수가 매우 중요했다. 이처럼 2020년의 나는 블로그 세계에 몰두해 있었고, 〈애니팡〉 순위에 연연하는 것처럼 블로그 방문자 수에 집착했다. 나만 그런 것은 아니었다. 블로그 방문자 수가 늘어난다고 해서 당장 수익이 생기는 것은 아니지만, 블로그에 몰두한 사람들에게는 방문자 수를 높이고 싶어 하는 열망이 있었다. 이런 상황에서 방문자 수를 높일 수 있는 글쓰기 방법을 알려 주었으니 당연히 수요가 컸다.

우리가 끊임없이 탐구하고 질문해야 하는 것이 바로 이 점이다. '사람들은 무엇을 원하는가?' 내가 속한 세계의 사람들이 무엇을 원하는지 빠르게 알아차리고 그것을 충족해 준다면 누구나 뛰어난 비즈니스 설계자가 될 수 있다.

CHAPTER 2
비즈니스의
도구들

우리는 무엇이든
팔 수 있다

내가 이 책에서 이야기하는 것은 여러분이 기대했던 유용한 정보가 아닐 수도 있다. 누구나 할 수 있다고 해서 클릭 몇 번으로 돈을 버는 쉬운 방법을 알려 주나 싶었는데, 채널을 개설하고 콘텐츠를 만들라고 하니 기대가 확 가라앉을지도 모르겠다. 하지만 어쩌겠는가. 돈을 버는 방법이 그것인데.

다이어트를 하려면 결국 음식을 조절하고 운동도 해야 한다. 그런 노력도 없이 간단한 지식 몇 개로 다이어트를 하려다가 안 된다고 실망하는 사람이 있다면 누구나 그를 이상하게 생각한다. 마찬가지로 돈 버는 일에서도 필수적으로 해야 할 일들이 있다.

사람들의 문제를 인식하고 그 해결 방법을 제공하는 것이 비즈니스이며, 현대 사회에서 돈을 버는 방법이다. 이 말은 비즈니스를 할 때 '사람들은 어떤 문제를 가지고 있지?'라는 생각으로 접근해야 관심이 모인다는 뜻이다. 따라서 다른 사람들이 고민하는 문제를 잘 파악하는 사람은 궁극적으로 무엇이든 팔 수 있는 비즈니스 설계자가 될 수 있다.

　이제는 근로소득만으로는 여유로운 생활을 하기 힘든 시대다. 돈을 벌려면 투자를 하거나 사업을 해야 한다는 얘기는 너무 많이 들어서 지겨울 정도다. 하지만 이게 사실이고 현실이다. 직장을 다니면서 정해진 월급만 모아서는 부자가 되기 어렵다.

　사업보다는 투자가 조금 더 빨리 부자가 될 수 있는 지름길일 수 있다. 하지만 그것은 투자를 성공적으로 잘했을 때의 일이다. 투자를 하기 위해서는 종잣돈도 있어야 한다. 그래서 괜찮은 아이템만 있다면 사업으로 돈을 버는 것이 좀 더 안정적이다. 투자에는 운도 따라야 하지만, 사업은 오로지 나의 노력과 능력이 갖춰져 있다면 충분히 성공할 수 있을 것처럼 느껴지기 때문이다. 하지만 역시 자본이 문제다. 그런데 이제는 온라인으로 자본 없이도 사업을 할 수 있는 일이 얼마든지 가능하다.

　온라인에서는 어떤 것도 비즈니스의 대상이 될 수 있다. 우리는 무엇이든지 상품으로 만들어 팔 수 있다. 실제 손으로 만질 수 있는 물건이 아니더라도 말이다. 내가 가진 노하우, 아이디어, 생각, 무엇이든 콘텐츠 상품이 될 수 있다. 무형의 콘텐츠 상품은 비즈니스에 실패해도 금전적으로 크게 잃을 것이 없다.

이러한 온라인 비즈니스를 본격적으로 시작하기 전에 먼저 유용한 도구를 손에 넣는다면 좀 더 수월한 상품 판매가 가능하다. 스스로 시행착오를 겪으며 자신에게 필요한 도구를 마련할 수도 있지만, 온라인 플랫폼과 그곳으로 모이는 사람들 그리고 효율적인 글쓰기로 만들어 낸 콘텐츠 등이 각각 어떤 역할을 하는지 알면 더욱 빠르게 필요한 도구를 갖출 수 있다. 또한 비즈니스 도구를 마련하기 위해 채널을 만들어서 사람을 모으고, 그렇게 모은 사람들의 문제를 해결하기 위해 공부하다 보면 어느새 여러 가지 재주가 생긴다. 그 모든 경험과 지식이 온라인 비즈니스를 설계할 수 있는 무기가 될 것이다.

나만의 채널 개설

채널을 만들고 키워야 하는 이유

비즈니스를 하려면 사람을 모으고 상품의 존재를 알리는 일이 필수적이다. 블로그, 유튜브, 인스타그램 같은 플랫폼을 이용해서 나만의 채널을 만들어야 하는 이유도 그 때문이다. 온라인 플랫폼을 이용한 개인 채널은 사람들에게 나의 상품을 알릴 수 있는 가장 손쉬운 도구다.

영어 전공자도 아닌 내가 영어 학원을 시작할 수 있었던 것은 〈대전영어스터디클럽〉이라는 온라인 채널 덕분이었다. 영어 스터디를 위해 운영했던 온라인 카페의 회원 수가 1,000명이 넘어가면서 학원을 창업할 수 있는 기반이 마련되었기 때문이다. 이처럼 채널은 사람을 모으는 훌륭한 도구이며, 이렇게 모인 잠재 고객은 '나'라는 브랜드의 가치를 높여 준다.

온라인 플랫폼의 도움 없이도 사람을 모을 수 있다면 꼭 채널을 만들 필요는 없다. 그러나 유명인이 아니고서야 아무런 기반도 없이 단번에 사람을 모을 수는 없다. 그래서 우리는 먼저 채널을 만들고, 어느 정도 구독자가 생길 만큼 키워야 한다.

개인 채널이 아니라 여러분이 속한 단톡방이나 가입한 카페, 독서 모임이나 영어 공부 모임, 운동 모임 등에서도 사람을 모으고 상품을 판매할 수는 있다. 하지만 다른 사람이 만든 채널에 기대어서 사람을 모으는 일에는 한계가 있다. 나의 의지와 상관없이 모임이 중단될 수도 있다는 점 역시 불안 요소다.

잘 키운 채널은 매우 유용하다. 온라인 비즈니스가 진행되는 모든 단계가 채널을 기반으로 운영되기 때문이다. 채널은 기본적으로 제품을 진열하고 판매하는 상점 역할을 한다. 또한 사람들을 불러오고 상품을 홍보하는 광고판인 동시에 다양한 정보를 저장하는 창고이자 소비자의 의견이 모이는 게시판이기도 하다. 우리가 비즈니스를 위해 어떤 작업을 하든, 일단 채널에 접속한 다음 그 작업을 실행으로 옮기게 된다.

채널의 성장은 나의 비즈니스 도구가 더욱 강력해진다는 것과 같은 의미이기도 하다. 그렇다고 해서 인플루언서가 될 때까지 채널을 키워야 한다는 말은 아니다. 채널은 어디까지나 도구일 뿐, 채널의 개설과 성장 그 자체가 우리의 목적은 아니다. 채널을 키우는 이유는 수익화를 위한 도구로서 제 역할을 수행할 수 있는 동력을 마련하기 위해서다.

우리는 채널을 키우는 목적을 성장이 아니라 수익화에 두어야 한다. 수익이 발생하면 채널을 지속할 힘이 생기지만, 그렇지 않으면 슬럼프가 왔을 때 쉽게 중단하게 된다. 내가 양성한 블로그 강사 중에서도 이제는 블로그를 그만둔 사람이 꽤 있다. 왜 그럴까?

수익화 과정을 구체적으로 그려 보지 않고 채널의 구독자를 늘리는 일에만 집중했기 때문이다. 채널을 개설하고 갑자기 팔로워가 늘거나 조회 수가 높아지면 인기라도 생긴 듯 우쭐해지기도 한다. 나도 한창 블로그 방문자 늘리기에 열중할 때 그런 기분을 느꼈다. 일 방문자가 5,000명에서 금방 또 8,000명이 됐을 때는 대단한 일이라도 이룬 것 같은 성취감이 들었다. 하지만 다행히 금방 깨달았다. '돈이 되지 않으면 블로그를 계속할 이유가 없다'고 말이다.

유튜브 역시 수익화가 이루어지지 않았다면 진작 그만뒀을지 모른다. 한때 구독자 수가 2만 명 정도에서 계속 정체되던 시기가 있었다. 하지만 결국 수익이 발생하면서 지속할 힘이 생겼다.

우리의 뇌가 지속해서 채널을 운영할 수 있도록 움직이게 하려면 적절한 보상을 주어야 한다. 열심히 다이어트를 하는데도 살이 빠지지 않으면 계속할 맛이 나지 않는다. 그런데 어느 날 몸살로 열이 나더니 입맛이 없어졌다. 가리는 음식도 없고 언제나 입맛이 많이 도는 나에겐 참 드문 일이었다. 그러다 보니 하루 만에 1~2킬로가 빠졌다. 평소에는 그렇게 살이 빠질 일이 없다. 항상 입맛이 도니까. 그런데 일단 이유가 어떻든 살이 빠지니까 '이참에 다이어트를 해 볼까?' 하는 생각이 들었다. 뇌에서 보상을 맛본 것이다. 그 느낌을 알고 나니까 회복 후에도 다이어트를 지속할 힘이 났다.

다시 말하지만, 채널은 어디까지나 돈을 벌기 위한 수단이다. 여기에 매몰되지 말아야 한다. 채널의 성장으로 돈을 벌 방법을 고민해야 한다. 그런 설계 없이 무작정 채널을 키우는 데만 급급하다 보면 어느 순간 슬럼프가 온다. 나는 그렇게 채널 운영을 그만두는 사람을 아주 많이 봤다.

블로그든 유튜브든 인스타그램이든 채널을 운영하는 본질을 절대 잊지 말아야 한다. 영어 강사 일을 할 때 항상 강조했던 것이 있다. 영어는 어디까지나 수단일 뿐이라는 점이었다. 영어의 목적은 의사소통이지 영어 그 자체가 아니다. 온라인 채널 또한 마찬가지다. 이 점을 기억하고 목적에 맞게 채널을 키워 나가면 아주 훌륭한 비즈니스 도구를 손에 쥘 수 있을 것이다.

온라인 플랫폼으로 돈 버는 방법

온라인 플랫폼에 나만의 채널을 만들고, 그것을 잘 키우면 돈이 된다는 사실을 우리는 이해했다. 그렇다면 구체적으로 어떻게 수익을 얻는 것일까? 온라인 플랫폼을 통해 수익을 얻는 방법은 크게 다음 세 가지로 구분할 수 있다.

① 플랫폼 자체에서 얻을 수 있는 수익

우리는 흔히 유튜브 구독자가 많으면 돈을 벌 수 있다고 생각한다. 이처럼 플랫폼에 개설한 채널을 키워서 벌어들이는 수익은 보통 광고를 통한 수익이다.

플랫폼이 유지되기 위해서는 양질의 콘텐츠가 필요하다. 하지만 콘텐츠는 플랫폼에서 직접 제작해 올리는 것이 아니라, 플랫폼에 가입한 콘텐츠 생산자들이 만들어 내는 것이다. 플랫폼 가입자들이 좋은 콘텐츠를 많이 만들어 낼수록 사람들이 그 플랫폼을 많이 찾게 된다. 당연히 광고주는 그 플랫폼에 광고를 하고 싶어 할 것이다. 플랫폼에서는 그렇게 모이는 광고 수익을 콘텐츠 생산자에게 나누어 준다. 따라서 광고 수익을 올리기 위해서는 사람들이 많이 보는 콘텐츠를 만들어야 한다. 즉, 채널 구독자가 많아야 하고 조회 수도 높아야 광고 수익으로 돈을 벌 수 있다.

네이버에서는 '애드포스트', 유튜브에서는 '유튜브 파트너스 프로그램'이라는 서비스를 통해 광고 노출에 따른 수익을 공유한다. 유튜브에서는 구독자 수와 조회 수가 높으면 제법 높은 광고 수익을 올리기도 한다. 하지만 블로그의 광고 수익은 사실상 그렇게 크지 않다. 그렇기 때문에 플랫폼에서 제공하는 광고 수익만 기대하지 말고 플랫폼을 이용해 돈을 벌 수 있는 다양한 방법을 모색할 필요가 있다.

② 제휴 마케팅 및 협찬으로 얻을 수 있는 수익

주어지는 광고로 돈을 버는 것보다 적극적으로 수익을 창출하는 방법으로는 제휴 마케팅 및 협찬 광고 등이 있다.

제휴 마케팅은 '쿠팡 파트너스'나 그 밖에 다양한 스마트 스토어의 링크를 삽입해서 구매를 유도하고 수수료를 얻는 방법이다. 소비자가 내가 올린 링크를 통해 판매 페이지에 들어가서 상품을 구입하면 나에게 수익이 생긴다. 제휴 마케팅을 하려면 소비자를 모을 수 있는 콘텐츠를 많이 만들어야 하고, 링크를 어떤 방식으로 삽입해서 구매를 유도할지 고민해야 한다.

협찬 광고는 말 그대로 광고주에게 직접 광고나 물품 등의 협찬을 받는 것이다. 화장품 관련 콘텐츠를 통해 화장품 광고를 받고, 게임 관련 콘텐츠를 통해 게임 회사의 광고를 받는 식이다. 이를 위해서는 당연히 해당 분야의 소비자에게 인지도가 있어야 하므로 채널을 어느 정도 키워야 가능한 수익 창출 방법이기도 하다. 체험단 활동 등을 통해 상품 리뷰를 작성한 다음 원고료를 받을 수도 있고, 직접적으로 광고 콘텐츠 의뢰를 받을 수도 있다.

③ 상품 판매로 얻을 수 있는 수익

마지막으로 플랫폼을 통해 직접 상품을 판매하는 방법이 있다. 가장 많은 노력이 필요하지만, 노력에 따라 큰 수익을 올리는 일 또한 얼마든지 가능하다.

직접 유형의 상품을 제작하거나 기획해서 플랫폼을 쇼핑몰로 활용할 수도 있고, 내 채널에 방문하는 타겟을 분석해서 그들에게 필요한 무형의 강의나 전자책 등의 콘텐츠 상품을 만들어서 판매할 수도 있다. 그리고 우리가 이 책에서 이야기할 온라인 비즈니스는 바로 이러한 콘텐츠 상품에 관한 것이다.

유형의 상품을 판매할 때 플랫폼은 일종의 마케팅 도구다. 잘 활용하면 아주 큰 효과를 볼 수 있지만, 소비자를 모을 수 있는 다른 창구가 있다면 플랫폼의 존재가 필수적이지는 않다. 하지만 무형의 콘텐츠 상품은 대부분 시작부터 온라인 플랫폼을 기반으로 설계된다. 따라서 온라인 생태계를 잘 이해하고, 나의 콘텐츠를 소비할 만한 사람들의 니즈needs를 파악하는 일이 무엇보다 중요하다.

채널의 주제 선정

채널을 개설하고 콘텐츠를 올리는 일 자체는 별로 어렵지 않다. 문제는 무엇을 주제로 채널을 운영해야 할지 쉽게 떠오르지 않는다는 점이다. 블로그, 유튜브, 인스타그램 등을 잘 운영하면 돈을 벌 수 있는 좋은 도구가 된다는 것은 알겠는데, 그래서 어떻게 운영한다는 말인가?

① 좋아하는 것

어떤 주제로 채널을 운영할지 고민할 때 가장 먼저 떠오르는 것은 좋아하거나 관심 있는 분야다. 좋아하는 분야를 주제로 삼으면 의욕적으로 채널을 운영할 수 있다. 콘텐츠를 만들기 위해 정보를 수집하고 지식을 익히는 일도 즐겁게 진행할 수 있으며, 꾸준히 흥미를 느끼면서 채널을 관리할 수 있다.

그러나 내가 좋아하는 분야가 다수의 관심사와 거리가 멀다면 채널을 키우는 데 한계가 있다. 열성적으로 글을 쓰고 영상을 만들어 올려도 보는 사람이 없다면, 채널은 그저 개인 일기장이나 취미 기록장에 지나지 않게 된다. 채널 운영의 목적이 자신의 성장을 기록하는 것이라면 상관없지만, 돈을 버는 것을 고려하고 있다면 무작정 좋아하는 주제에만 집중해서는 안 된다.

간혹 좋아하는 것과 대중의 취향이 적절하게 맞아떨어져서 채널이 크게 성장하는 일이 생기기도 한다. 이는 흔치 않게 운이 좋거나 콘텐츠 생산자 개인의 능력이 아주 뛰어난 경우일 확률이 높다. 그런데 운이나 능력이 좋아서 채널이 성장해도 수익화를 도모하기 어려울 수가 있다. 내 콘텐츠를 좋아하는 사람들이라고 해도 수익화를 염두에 두고 제안을 꺼냈을 때는 불호의 감정을 느낄 수 있기 때문이다.

② 잘하는 것

자신 있거나 잘하는 분야를 주제로 선정하면 좀 더 전문적인 칼럼 혹은 영상 제작이 가능하다. 업무나 전공과목 등과 연관된 주제가 이에 해당할 수 있다. 하지만 이때도 주제가 대중의 관심과 시의성을 반영하고 있는지 검토해 볼 필요가 있다.

예를 들어, 토익 공부법을 알려 주는 것의 시의성을 검토해 보겠다. 내가 영어 학원을 운영했기 때문인지 영어 교육과 관련된 콘텐츠에 관해 문의하는 경우가 종종 있다. 질문은 대부분 영어 공부법이나 교수법으로 콘텐츠를 만들었을 때 조회 수를 늘릴 수 있는지에 대한 것이다. 그런데 내 생각에 토익 공부를 어떻게 해야 하는지를 다루는 전자책이나 강의는 그다지 인기가 있을 것 같지 않다. 이 경우 채널의 주요 구독자를 토익을 준비하는 사람들로 설정했을 것이다. 하지만 그들이 원하는 것이 과연 공부법일까?

채널을 키우고 싶다면 교육자가 아니라 마케터의 입장에 빙의해야 한다. 내가 만약 토익을 주제로 콘텐츠를 만든다면 '토익 강사 잘 고르는 법' '토익 강사, 이런 사람은 거르세요' 같은 내용을 고민해 볼 것이다. 토익 준비를 시작할 때는 '어떤 학원에 등록하는 것이 좋을지'가 최우선 순위의 고민이다. 하루에 몇 개의 단어를 외워야 하고 어떤 방법으로 공부하는 것이 효과적인지는 이 시점의 고민이 아니다. 그런데 콘텐츠 제공자들은 보통 '토익 점수 올리는 방법'에 집중한다. 이때 마케터의 관점에서 '현재 구독자들이 가장 고민하는 것은 무엇일까?' 생각해 본다면, '토익 강사 잘 고르는 법'이 더 와닿을 수 있다.

어떤 분야든 마찬가지다. 아무리 자신 있는 분야라고 해도 내가 잘 아는 것을 알려 주는 데 집중하기보다 소비자가 원하는 것이 무엇인지 분석하는 일이 먼저다. 그쪽에 콘셉트를 맞춰야 많은 사람이 환영하고 공감하는 콘텐츠를 제작할 수 있다.

③ 쉬운 것

남보다 지식이 풍부하지도 않고 특화된 재능도 없는데, 어떻게 사람들의 흥미를 끄는 채널을 운영할 수 있을지 막막하게 생각하는 사람들이 있다. 지금 이 책을 펼쳐서 읽고 있는 다수는 어쩌면 여기에 해당할지도 모르겠다. 그렇다고 해도 얼마든지 조회 수 높은 채널을 운영할 수 있다. 나 역시 그랬기 때문이다.

부업 혹은 퇴사를 위해 파워블로거나 유튜버가 되고 싶다는 꿈을 꾸면서도 정작 어떤 주제로 채널을 운영해야 할지 몰라 시작하지 못하는 경우가 부지기수다. 이런 상황이라면 일단 쉬운 주제를 찾는 것에 집중해야 한다. 누구나 쉽게 습득할 수 있는 수준의 지식으로 콘텐츠를 구성해서 채널을 운영하는 것이다. 그런 내용 중에서 특히 대중의 관심을 끌 만한 소재를 찾는다면 더할 나위 없이 적절하다.

'누구나 알 수 있는 쉬운 내용을 보려고 군이 내 채널에 방문하는 사람이 있을까?' 하는 의문이 들 수도 있다. 하지만 의외로 쉽게 습득할 수 있는 정보조차 직접 알아보지 않는 사람들이 아주 많다. 나는 키워드 검색을 통해 소재를 찾아서 '전국 대학교 순위' 같은, 전문성이 전혀 없는 지식을 정리해서 쓴 칼럼으로 높은 조회 수를 올린 적이 여러 번 있다.

④ 타깃에 맞는 것

주제를 선정할 때는 타기팅targeting도 중요하다. 내 채널에 누가 찾아오면 좋을지, 다시 말해 앞으로 유료 상품을 제안할 잠재 고객을 누구로 할 것인지 정하면 주제가 좀 더 명확해질 수 있다.

나는 작정하고 블로그 키우는 방법을 연구해서 수익을 내기 시작한 게 아니다. 막막한 마음으로 다양한 시도를 하면서 길을 찾다가 블로그 강의로 돈 버는 경험을 했다. 처음에는 어떤 글을 올려야 할지 몰랐다. 이런저런 다양한 글을 올리다가 키워드 검색을 통해 사람들이 찾아올 수 있는 정보가 담긴 글을 올리기 시작했다. 그렇게 해서 빠르게 블로그 방문자 수 1,000명을 달성했다.

방문자가 늘어난 후에는 자주 찾아오는 사람들이 관심 있어 하는 글이 무엇인지 분석했다. 주로 '블로그 방문자를 늘리는 법'이나 '조회 수가 높은 글을 쓰는 방법' 등에 관한 칼럼을 좋아했다. 그래서 블로그 운영 방법을 알고 싶어 하는 사람들을 타깃으로 정했다.

유튜브를 시작했을 때도 마찬가지였다. 영상 촬영 같은 것을 해본 적이 없어서 주제 선정부터 촬영까지 고민이 많았다. 10년 넘게 영어 학원을 운영하면서 강의했기 때문에 사람들 앞에서 말하는 일이 아주 낯설지는 않았지만, 영어 회화를 주제로 영상을 만드는 것은 아니었기에 평범한 초보 유튜버나 다름없었다. 나름의 성과였던 블로그 키우는 방법을 이야기하기도 했지만 반응이 거의 없었다. 다른 유튜버들의 영상을 찾아보고 나름의 분석 끝에 돈벌이에 관심 있는 사람들을 타깃으로 삼기로 했다. 그렇게 부업 관련 영상을 올렸고, 그때부터 조회 수가 오르기 시작했다.

⑤ 인기 있는 것

가장 무난하면서도 큰 효과가 있는 주제는 바로 많은 사람에게 인기 있는 것이다. 특히 수익화의 도구로 플랫폼을 활용하기 위해서는 인기 있는 주제로 빠르게 채널을 키워야 한다. 다시 말해, 사람들이 원하는 콘텐츠를 만들어야 한다는 얘기다.

향후 수익화를 고려했을 때 내가 추천하고 싶은 주제를 딱 하나만 꼽는다면 단연 '돈'에 관한 것이다. 돈과 관련된 이야기에는 누구나 흥미를 보인다. 그리고 돈이나 재테크에 관해서는 자료 또한 매우 풍부해서 잘 모르더라도 관심을 가지고 조사한 내용으로 칼럼을 쓰거나 영상을 만들 수 있다.

예를 들어, 나는 유튜브 채널에서 '앱테크app tech'를 자주 언급했다. 앱테크는 말 그대로 '앱으로 하는 재테크'를 의미한다. 스마트폰에 리워드reward(보상)를 제공하는 어플을 다운받은 다음 주어진 과제를 수행하고 돈을 버는 것이다. 스마트폰으로 돈을 벌 수 있는 어플을 하나씩 설명하는 것으로 콘텐츠를 만들 수 있다. 일단 어플을 깔아서 사용해 본 다음 콘텐츠를 만들면 된다. 설치 방법을 설명하고, 포인트를 얻는 방법 등 어플 사용법을 알려 주는 것이다. 콘텐츠로 만들기도 힘들지 않고, 콘텐츠를 소비하는 입장에서도 어렵지 않게 받아들일 수 있다.

사실 나는 앱테크로 돈을 벌어 본 경험이 적었지만, 유튜브 조회수를 확보하기 위해 인기 있는 부업 콘텐츠 중에서 앱테크를 선택했다. 돈 버는 일에 관심 있는 잠재 고객을 모으고 싶었기 때문에 나의 경력이나 취향 등과는 전혀 상관없는 주제로 유튜브의 내용을 구성한 것이다.

온라인 채널을 개설하면 보통 좋아하는 것 혹은 잘하는 것을 주제로 운영하려는 마음을 먹게 된다. 그러나 비즈니스 도구로 채널을 운영한다면 일단 사람을 모으는 일에 주력해야 한다. 그러기 위해서는 우리가 소비자로 염두에 두고 있는 타깃에 맞는, 쉬우면서도 인기 있는 주제를 택하는 것이 좋다. 잘 모르는 분야라고 할지라도 스스로 방송을 만드는 프로듀서라고 생각하면서 조사하고 정리해서 알려 주는 것이다. 쉬우면 쉬울수록, 흥미가 높으면 높을수록 많은 사람이 관심을 기울이고 내 채널을 찾아오게 된다. 그때 조회 수가 발생하고 구독자가 생성된다.

사람을 모으는
콘텐츠 제작

타인의 문제를 나의 콘텐츠로

콘텐츠를 만들 때는 항상 사람들의 욕망에 집중해야 한다. 특히
중요한 점은 타깃에게 어떤 고민이 있는지 들여다보는 것이다.

림빅 시스템limbic system이라는 게 있다. 대뇌의 변연계를 뜻하는
말이다. 이 신경회로는 쾌락 물질인 도파민 분비에 관여한다. 변연
계를 자극하고 쾌락을 얻기 위해 인간의 욕구는 크게 세 가지로 뻗
어 나간다. 어떤 사람은 지배 욕구가 강하고, 어떤 사람은 안정 욕
구가 강하며, 어떤 사람은 자극 욕구가 강하다. 그런데 내 생각에

는 이 모든 욕구에 작용하는 것이 바로 '돈'이다.

돈은 이 모든 욕망을 해결할 수 있다. 그래서 나는 돈 버는 방법을 콘텐츠의 주제로 삼았다. 내가 가장 오래 해 왔던 전문 분야는 영어 회화 강의였지만, 영어를 주제로 콘텐츠를 만들었을 때보다 돈을 주제로 콘텐츠를 만들었을 때 더 높은 조회 수를 올렸다.

단순히 자기만족이나 취미 생활의 연장으로 채널을 운영하는 것이 아니라면, 수익화를 이루는 것이 절실하다면, 우리는 타인의 문제를 유심히 들여다보아야 한다. 앞서 좋아하고 잘하는 것보다 인기 있는 주제를 선택하는 것이 좋다고 한 이유와 같은 맥락이다. 우리는 사람들이 원하는 것, 욕망을 자극하고 관심을 끌 수 있는 콘텐츠를 제작해야 한다.

자신의 문제나 관심사에만 깊게 매몰되는 것은 좋지 않다. 항상 타인의 관점, 타인의 관심사, 타인의 문제, 타인의 절실함을 들여다보려는 노력을 해야 한다. 거기에서 콘텐츠의 설계 방향을 찾을 수 있을 것이다.

블로그를 시작했을 때 나는 마음이 무척 급했다. 생계가 위협받는 상황이었기 때문이다. 돌이켜 생각해 보면 어떻게 버텼나 상상이 안 될 정도로 무시무시했다. 밤에 잠도 오지 않았다. 한 달에 1,000만 원이 넘는 돈이 필요한데, 몇 달이나 매출이 없으니 빚이 어느덧 억 단위로 늘었다. 이 돈을 평생 갚을 수나 있을까 싶은 생각이 들 정도였다. 빚만 생각하면 누가 가슴을 짓누르는 것처럼 답답하고 떨렸다. 내 문제 외에는 어떤 것도 보이지 않았다. 하지만 해결책은 없었다. 당시 내가 할 수 있는 일이라고는 그냥 한없이 걷는 것뿐이었다. 새벽 2~3시에도 밖을 걸어 다녔다. 그러면서 생각을 하고 또 했다. 처음에는 마음의 안정을 위해서였다.

그렇게 시간을 보냈더니 상황을 조금 객관적으로 판단할 수 있었다. 지나치게 매달린다고 해서 당장 해결될 문제가 아니었다. 그제야 다른 사람들은 어떤 문제를 가지고 있나 살펴보기 시작했다. 가만 보니 내가 해결할 만한 문제도 더러 있었다. 그걸 해결해서 신뢰를 쌓고 돈 버는 방법을 찾아야겠구나 싶었다. 그렇게 블로그를 키우고, 그 경험을 바탕으로 블로그 강의를 할 수 있었다.

블로그 방문자를 늘리는 동시에 수익화를 고민하던 내가 가장 주의 깊게 살폈던 것은 '내 블로그를 찾는 사람들의 주된 관심사'였다. 물론 처음부터 그런 것은 아니었다. 처음엔 아무것도 보이지 않았다. 하지만 영어 학원 창업에 관해 아무리 떠들어도 보는 사람이 없으니, 사람들이 관심 있어 할 만한 글을 고민할 수밖에 없었다.

내 채널에 방문한 사람들의 문제에 공감하고, 해결책을 찾기 위해 노력하다 보면 자연스럽게 하나의 콘텐츠를 만들 수 있는 재료가 준비된다. '나는 재능도 없고 평범한데 어떻게 다른 사람의 문제를 해결해 주지?' 이렇게 의심하기 시작하면 한 발짝도 앞으로 나아갈 수 없다. 해결책은 그렇게 대단하지 않아도 괜찮다. 검색만 하면 금방 찾을 수 있는 정보를 몰라서 고민하는 사람이 은근히 많다. 일단 타인의 문제를 인식하고, 내가 그것을 해결할 수 있는지 연구한 다음, 그 내용을 콘텐츠로 만들면 된다.

콘텐츠 제작의 기초는 글쓰기

온라인 비즈니스의 세계에 뛰어든다는 것은 콘텐츠 생산자가 된다는 의미이기도 하다. 온라인 플랫폼에 개설한 채널을 잘 운영해보기로 마음먹었다면 사람을 모을 수 있는, 쓸모 있는 지식이 담긴 콘텐츠를 제작해야 한다. 이제 필요한 것은 '좋은 콘텐츠'를 만들 수 있는 기술을 익히는 일이다.

여기서 뜻하는 좋은 콘텐츠는 감동을 주는 영상이나 논리적인 분석력이 빛나는 칼럼처럼 일반적인 의미의 좋은 콘텐츠와는 조금 다르다. 온라인 비즈니스 세계에서 좋은 콘텐츠란 조회 수를 높이고, 체류 시간을 늘려 주며, 알고리즘의 선택을 받을 수 있는 콘텐츠를 말한다.

이러한 좋은 콘텐츠를 만드는 데 기초가 되는 것이 바로 '글쓰기'다. 블로그 칼럼이야 그렇다고 해도 유튜브 영상이나 인스타그램 피드는 좀 다르지 않을까 생각할 수도 있다. 하지만 유튜브 영상 또한 기본적으로 대본이 좋아야 조회 수 높은 콘텐츠를 만드는 일이 가능하다. 영상 기술은 찍다 보면 자연스럽게 익힐 수 있다. 그보다 중요한 것은 콘텐츠의 바탕이 되는 대본을 쓰고, 섬네일thumbnail 등의 문구를 만드는 일이다. 결국 글쓰기를 해야 한다는 말이다. 인스타그램도 마찬가지다. 잘 찍은 사진이나 감성적인 이미지 위주의 피드가 많은 인스타그램에서도 카드뉴스처럼 수익을 유도하는 콘텐츠는 결국 글쓰기를 바탕으로 제작된다.

콘텐츠 생산자가 되기 위해서는 반드시 글쓰기를 해야 한다. 초보라도 연습을 해서 방법을 익혀야 한다. 광고나 제휴 마케팅만으로 돈을 벌겠다고 생각해도 협찬을 받고 조회 수 높은 리뷰를 올리기 위해서는 글쓰기를 해야 하기 때문이다. 이쯤 되면 누구나 쉽게 시작할 수 있는 것이 온라인 비즈니스라더니 결국 글쓰기를 잘해야 하는 거냐며 허탈해하는 여러분의 모습이 상상된다. 하지만 글쓰기에 너무 겁먹을 필요는 없다. 나 역시 대단한 필력이 있어서 블로그와 유튜브를 키운 것이 아니다. 내가 초창기에 썼던 칼럼을 보면 그 허술함에 깜짝 놀랄 것이다.

콘텐츠 제작을 위한 글쓰기는 아름다운 문장으로 그럴듯한 결론에 이르는 글이 아니라 끝까지 읽게 만드는 글을 추구한다. 우리는 글을 써서 전문가의 평가를 받으려는 것이 아니다. 보통 사람들이 쉽게 읽을 수 있는 글을 쓰는 것이 목적이다.

우리가 글을 잘 썼는지 못 썼는지 판단하는 일은 전문가가 아니라 알고리즘이 한다. 온라인 플랫폼은 저마다의 알고리즘으로 작동되는데, 이 알고리즘이 좋은 콘텐츠라고 판단하면 더 많은 사람에게 노출될 수 있다. 그러기 위해서는 우선 사람들이 내 콘텐츠를 많이 클릭해야 한다. 그다음 내 채널에 지속해서 머무는 시간이 길어야 한다. 이 시간을 블로그에서는 '체류 시간' 혹은 '이용 시간'이라고 하며, 유튜브에서는 '시청 지속 시간'이라고 한다.

흔히 "조회 수를 높이려면 알고리즘을 타야 한다"고 말한다. 알고리즘은 플랫폼이 채널 이용자의 관심이나 취향을 분석해서 그에 맞는 콘텐츠를 자동으로 제안하는 것이다. 알고리즘은 이용자의 시청 기록이나 검색 키워드 등을 자료로 취향 파악에 나선다. 예를 들어, 먹방 영상을 자주 보면 어느덧 내 유튜브 창이 온갖 먹방 영상으로 가득 찬 경험을 할 수 있다.

인기 동영상이나 게시글을 추천하는 것도 알고리즘의 역할이다. 알고리즘을 타면 다양한 이용자에게 내 콘텐츠가 노출된다. 그런데 알고리즘은 스스로 콘텐츠를 분석해서 어떤 것이 좋고 어떤 것이 나쁜지 판단하지 못한다. 그래서 사람들에게 판단을 맡긴다.

알고리즘은 조회 수를 비롯해 좋아하거나 싫어하는 비율, 댓글 수 등을 바탕으로 더 많은 이용자에게 노출할 콘텐츠를 선별한다.

사람들이 클릭을 많이 하면 좋은 콘텐츠 혹은 흥미 있는 콘텐츠라고 여기며, 시청 지속 시간이 증가하면 재밌는 콘텐츠 혹은 유용한 콘텐츠라고 인식하는 식이다.

이러한 알고리즘의 선택을 받는 좋은 콘텐츠를 만들기 위해 우리는 끝까지 읽을 수 있는, 즉 방문자의 체류 시간을 늘릴 수 있는 글을 써야 한다. 그리고 이를 가능하게 하는 손쉬운 기술이 있다. 글 쓰는 소질이나 무언가를 창작해 본 경험이 없어도 이 방법을 공식처럼 익혀서 잘 응용할 수만 있다면, 누구나 보통 이상의 완성도를 갖춘 콘텐츠를 제작하는 일이 가능하다. 그래서 나는 이것을 '기적의 삼단 논법'이라고 이름 붙였다.

콘텐츠를 만들 때뿐만 아니라, 일상에서 사람들과 관계를 맺을 때도 이 기적의 삼단 논법을 이용하면 논리적으로 대화를 풀어 갈 수 있다. 바로 글의 '서론' '본론' '결론'을 '문제 제기' '해결책 제시' '새로운 제안' 순으로 구성하는 것이다.

■ 기적의 삼단 논법

| 문제 제기 | 해결책 제시 | 새로운 제안 |

망한 글도 되살리는 기적의 삼단 논법

① 서론: 문제 제기

먼저 도입부에서는 문제를 제기한다. 여기에서 가장 중요한 것은 바로 '공감'이다. 뛰어난 강사의 강의를 들어 보면 수강자들에게 공감하는 내용이 아주 큰 비중을 차지한다. 좋게 평가받는 글이나 영상 또한 마찬가지다. 적절하게 공감을 불러일으키는 순간, 사람들은 그 콘텐츠를 끝까지 본다.

그렇다면 공감을 얻기 위해서는 어떻게 해야 할까? 먼저 누구를 위한 콘텐츠인지 고려해야 한다. 학생을 대상으로 하는지, 직장인을 대상으로 하는지, 사업가를 대상으로 하는지 구체적인 타깃을 설정하는 것이다. 그래야 두루뭉술하지 않은, 분명한 공감대 형성이 가능하다.

공감하면서 적절하게 현실을 자각할 수 있게 하는 문제 제기를 한다. 현실을 깨닫는 것은 사실 고통스러운 일이다. 많은 사람이 자신이 처한 불편한 현실을 외면하고 싶어 하기 때문이다. 하지만 그걸 알게 하는 것이 문제 제기의 역할이다. 이때 적절한 공감이 고통을 상쇄한다. 공감은 혼자만의 문제라고 생각했던 것을 모두의 문제로 인식하게 만드는 효과가 있다. 나 역시 마찬가지의 문제를 안고 있었다거나 현재도 그러하다고 공감하면서 우리 모두의 문제로 인식할 수 있게 하는 것이다.

그리고 마지막으로 문제 해결의 필요성을 느끼게 한다. 이 콘텐츠를 끝까지 보면 해결책을 얻을 수 있다는 것을 미리 언급하면서 앞으로 이어질 이야기를 잘 들어 봐야겠다는 인식을 심어 주면 성공적인 서론이 완성된다.

② 본론: 해결책 제시

서론에서 공감을 바탕으로 문제 제기를 했다면 본론에서는 해결책을 제시한다. 문제 해결 방법을 짚어 주고, 실천하지 않으면 불편함은 앞으로도 지속될 것이라고 이야기한다. 그렇다고 해서 약 올리거나 선심 쓰듯이 말하는 것은 안 된다. 나라면 이 문제를 어떻게 해결할 것인지 진심으로 고민하고 충분히 알아본 후에 구체적인 해결 방안을 이야기해야 한다.

무상으로 콘텐츠를 제공할 때 종종 저지르는 실수가 있다. 바로 문제가 발생한 이유만 분석하고 해결책을 알려 주지 않는 것이다. 그리고 무엇을 어떻게 해야 하는지는 유료로 판매하는 콘텐츠에서 알려 주겠다고 한다. 이건 사람들을 약 올리는 방식이다.

그럼 어디까지 알려 줘야 할까? 문제 제기한 사안에 관한 해결책은 웬만하면 속 시원하게 알려 주는 것이 좋다. 이렇게 이야기하면 아무런 대가 없이 너무 많은 정보를 알려 주는 게 아닐까 걱정하는 사람도 있다. 해결책을 얻어서 더 이상 내 콘텐츠를 소비하지 않거나, 내가 알려 준 지식을 이용해서 비슷한 콘텐츠를 만들면 어쩌나 싶은 것이다. 그런데 의외로 많은 사람이 해결책을 알게 된 것만으로도 이미 문제가 해결됐다고 생각해서 당장 실행할 생각을 하지 않는다.

물론 해결책을 유용하게 사용하거나, 그걸 바탕으로 자기만의 콘텐츠를 만드는 사람도 있다. 하지만 그런 사람이 나타나도 위기감을 느낄 필요는 없다. 새로운 지식을 바로 흡수해서 자기 것으로 만드는 사람이라면 내가 알려 주지 않았어도 곧 그 정보를 습득했을 것이다. 오히려 해결책을 다 보여 주지 않으려고 꼼수를 부리다가 다른 콘텐츠 생산자에게 잠재 고객을 뺏기게 될 수도 있다.

해결책이라고 해서 반드시 아주 독창적이거나 거창한 방법을 이야기해야 하는 것은 아니다. 제시할 수 있는 지식의 한도 내에서 최대한 성의껏 이야기하는 것만으로도 충분하다.

③ 결론: 새로운 제안

나름의 해결책으로 신뢰를 쌓았다면, 이제 새로운 제안을 해야 한다. 이때 떠올려야 할 것은 이 콘텐츠를 만들게 된 목적이다. 표면적인 목적은 콘텐츠 이용자들의 문제를 해결해 주는 것이지만, 내면적인 목적은 조회 수를 높이고 유료 상품 판매를 위한 잠재 고객을 모으는 것일 수 있다. 그러한 목적에 맞게 결론에서는 다음 콘텐츠를 예고하거나 유료 판매를 제안한다.

제안에 앞서 먼저 해야 할 일은 간단한 미션mission을 주는 것이다. 예를 들어, 자기개발과 관련된 글이라면 이 콘텐츠를 다 본 다음 감상평을 써 보라고 과제를 줄 수 있다. 건강이나 운동과 관련된 글이라면 콘텐츠에서 말한 것을 직접 해 보라고 할 수 있다.

미션을 준 다음에는 독려해야 한다. 감상평은 부담 없이 일단 한 줄이라도 쓰면 된다고 격려하거나, 간단한 노력으로 누구나 건강을 지킬 수 있다고 부추기는 것이다. 해결책대로 하면 문제를 극복할 수 있다는 응원과 당부의 말을 덧붙이면서 성취감을 고취하는 것도 괜찮은 방법이다. 미션은 앞으로 제안할 내용을 좀 더 열린 마음으로 받아들이게 하는 효과가 있다. 미션을 수행하는 과정에서 콘텐츠 제공자에게 유대감이 생기고 공감대가 강화되기 때문이다.

마지막으로 제안하기에 앞서 조금 생색을 내는 것도 좋다. 워낙 다양한 매체에서 수많은 콘텐츠가 쏟아지는 시대이다 보니 집중하지 않은 채 콘텐츠를 이용하는 사람이 많다. 그래서 각인시켜 줘야 할 부분을 다시 한번 콕콕 짚어 줄 필요가 있다. 내가 제공한 콘텐츠를 통해 무엇을 알게 되었는지 생색을 내는 것이다.

그러고 나서 제안을 한다. 다음 콘텐츠에서는 어떤 이야기를 하겠다고 예고하거나 다음에 올라올 콘텐츠를 꼭 봐야 할 이유를 제시하는 것이다. 혹은 유료 가치를 제안할 수도 있다. 마무리에 이런 제안을 하지 않으면 정성껏 만든 콘텐츠가 무용지물이 된다.

칼럼이든 영상이든 항상 다음을 기대하게 만들며 마무리해야 한다. 그래야 다시 내 콘텐츠를 보고, 구독 버튼을 누르고, 팔로워를 추가한다. 단순히 조회 수를 높이는 데서 그치는 것이 아니라 나의 채널에 재방문하고, 좀 더 오래 머물고, 결국 유료 가치에도 관심이 생기게 유도하는 것이다.

삼단 논법을 적용한 글쓰기 예시

좋은 콘텐츠를 만드는 글쓰기에서 중요한 것은 '가독성'과 '글의 순서'다. 이 두 가지만 기억하면 누구나 쉽게 글을 쓸 수 있다.

칼럼을 쓸 때는 잦은 줄 바꿈을 통해 모바일 환경에서도 읽기 편하게 가독성을 높여 주고 사이사이 이미지를 삽입해서 내용을 환기해 준다. 영상용 대본이라면 듣는 사람이 이해하기 쉽게 까다롭지 않은 어휘를 사용해서 짧은 문장으로 구성하는 것이 좋다. 그리고 전반적으로 삼단 논법을 적용한 '서론: 문제 제기' '본론: 해결책 제시' '결론: 새로운 제안' 순으로 글을 설계하는 것이다.

삼단 논법을 적용한다고 해서 아주 거창한 해법이 담긴 칼럼이나 영상을 제작하라는 것이 아니다. 사소한 문제부터 심각한 문제까지 어떤 콘텐츠든 이 세 단계의 과정을 거쳐 구성하라는 의미다.

같은 주제로 만들어진 두 개의 콘텐츠가 있다고 해 보자. 삼단 논법을 적용한 콘텐츠와 그렇지 않은 콘텐츠의 내용 자체는 별 차이가 없다. 하지만 자세히 살펴보면 구성의 차이를 발견할 수 있다. 구성의 변화만으로도 콘텐츠에 대한 집중도가 훨씬 높아진다.

다음은 누구나 흔히 공감할 수 있는 다이어트를 주제로 삼단 논법을 어떻게 사용해야 하는지 예시를 든 것이다.

서론	문제 제기

"지금 뱃살 때문에 고민인 분 많으시죠?"
"저도 그렇습니다."
"오늘 이 콘텐츠를 보시면, 뱃살을 해결할 수 있는
방법을 알려 드리겠습니다."

현실을 자각하게 만드는 순간이다. 이때 공감을 시작하면서 유대감을 형성한다. 그러고 나서 이 콘텐츠를 이용했을 때의 혜택을 제시한다. "오늘은 제가 뱃살 타파하는 방법을 말씀드릴게요" 하고 바로 본론으로 들어가면 왜 이 콘텐츠를 소비해야 하는지 잘 인식하지 못한다. 하지만 '이 콘텐츠를 따라가다 보면 뱃살을 해결할 수 있다'고 운을 띄우면 궁금증이 생겨난다.

본론 **해결책 제시**

"이제부터 본격적으로 뱃살 빼는 방법을 알려 드릴게요."
"AB 슬라이드를 해 보세요."
"보디빌더 OO 씨는 이걸로 빨래판 같은 복근을 만들었습니다."
"그럼, 어떻게 해야 하는지 말씀을 드리겠습니다."

이제 본격적으로 무엇을 해야 하는지 이야기한다. AB 슬라이드라는 기구를 어떻게 사용하고 몇 회를 해야 하는지, 또 며칠에 한 번씩 하면 좋은지 정확하게 이야기한다. 이때 보디빌더의 예를 든 것처럼 믿을 만한 근거를 제시하면 신뢰가 더욱 높아진다.

결론 **새로운 제안**

"뱃살을 날리는 방법을 터득했습니다."
"뿌듯하시죠?"
"어렵지 않으니 여러분도 할 수 있습니다."
"AB 슬라이드 구입 링크는 여기 있습니다."

마무리 단계에서는 내용을 정리하면서 성취감을 느낄 수 있게 해 준다. 응원의 말을 덧붙이며 독려해 주는 것도 좋다. 그다음 구입 링크를 올려 두면, 처음부터 "AB 슬라이드를 구입해 보세요"라고 말하는 것보다 제안을 받아들일 확률이 훨씬 높아진다.

이 예시는 실제 한 유튜브 채널의 영상을 토대로 재구성한 것이다. 내용을 살펴보면 딱히 특별해 보이지 않는다. 누구나 '저 정도 콘텐츠는 나도 만들 수 있겠는데' 하는 생각이 들 것이다. 우리에게 필요한 것은 유려한 문장력이나 말솜씨, 깜짝 놀랄 만한 아이디어나 빛나는 창의력이 아니다. 어떻게 하면 사람의 마음을 건드리고 자연스럽게 공감대를 형성하면서 도움이 되는 정보를 효과적으로 제공할 수 있는지가 더욱 중요하다. 기적의 삼단 논법은 바로 그 방법을 알려 주는 아주 간단하면서도 유용한 기술이다.

앞으로 모든 콘텐츠를 삼단 논법에 맞춰서 구성하는 연습이 필요하다. 유료 가치를 제안할 때뿐만이 아니다. 마지막 단계인 제안은 유료 가치를 제안하는 일일 수도 있지만, 모든 콘텐츠마다 유료 가치를 제안할 수는 없다. 게다가 아직 채널을 시작한 지 얼마 안 된 초보라면 무작정 유료 가치를 먼저 제안하기 어렵다. 이 경우에는 다음 콘텐츠에서 어떤 내용을 공개하겠다는 예고로 제안을 대체할 수 있다.

이처럼 삼단 논법을 적용해서 칼럼도 작성하고, 영상도 제작하고, 카드뉴스도 만들어서 채널에 방문한 사람이 연속해서 콘텐츠를 이용하게끔 유도해야 한다. 그러면 호감과 신뢰가 쌓이면서 나의 팬이 될 가능성이 높아진다.

인스타그램, 블로그, 유튜브 등에서 삼단 논법을 통해 콘텐츠를 생성하는 작업을 시작하면 1~2개월 정도에 걸쳐 브랜딩이 이루어진다.

문제 제기, 해결책 제시, 새로운 제안으로 이어지는 기적의 삼단 논법은 온라인 비즈니스가 아니라도 어디서든지 적용할 수 있다. 특히 무언가를 판매해야 하는 직업이라면 더욱 유용하게 쓸 수 있으니 알아 두어서 나쁠 일이 전혀 없다.

유용한 트래픽 확보

트래픽이 늘어나면 좋은 이유

가끔 이런 질문을 받는다. "채널에 들어오는 사람 수에 따라 수익이 계산되는 것도 아닌데, 사람들은 왜 방문자 수 늘리는 방법을 돈 주고 배울까요?"

일단 채널을 개설하고 콘텐츠를 올리는 데 어느 정도 익숙해지면 채널을 좀 더 본격적으로 키우고 싶은 마음이 든다. 블로그 이웃을 늘리고 유튜브 조회 수를 높이는 일에 몰두하게 되는 것이다. 그러다 보니 어떻게 하면 많은 사람이 내 채널에 방문하게 만들 수 있는지, 그 방법을 알고 싶다.

방문자 수가 늘어나면 트래픽traffic이 모인다. 트래픽은 교통량을 뜻하는 단어로, 온라인 세상에서는 사이트에 방문한 사람들이 얼마나 되는지를 나타내는 지표가 된다. 트래픽이 늘었다는 것은 채널에 찾아오는 사람이 늘었다는 의미이며, 트래픽이 줄었다는 것은 채널에 찾아오는 사람이 줄었다는 것을 의미한다고 보면 된다.

트래픽이 온라인 비즈니스의 성패를 전적으로 좌우하는 것은 아니지만, 많을수록 좋은 것은 사실이다. 트래픽이 많다는 것은 내 콘텐츠가 그만큼 사람들의 관심을 끌고 있다는 뜻이기도 하다. 사람이 많이 모이면 다양한 홍보 활동이 가능하기 때문에 비즈니스에 훨씬 유리하다.

채널을 개설하고, 신중하게 주제를 선정한 다음, 사람들이 볼 만한 콘텐츠를 만들기 위해 공을 들여야 하는 이유는 모두 트래픽을 모으기 위해서다. 트래픽을 모은다는 것은 다수의 사람에게 나를 노출하는 일이다. 나라는 존재를 알리고, 신뢰를 얻고, 수익화를 시도하려면 우선 사람이 모여야 한다.

채널 방문자가 늘어난다고 해서 바로 수익으로 연결되는 것은 아니지만, 트래픽의 증가는 여러모로 쓸모가 있다. 아무리 좋은 상품을 기획해도 판매가 이루어지지 않으면 소용없어지는데, 트래픽으로 유입된 잠재 고객이 있으면 상품을 소개할 대상이 생긴다. 좀 더 수월하게 세일즈를 할 수 있는 기반이 마련되는 셈이다.

하지만 트래픽을 늘리는 것에 성공해서 목표한 팔로워나 조회 수를 이루었다고 만족해서는 안 된다. 트래픽의 증가는 비즈니스를 위한 기본 준비일 뿐이다. 트래픽을 안정적으로 확보했다면 비로소 온라인 비즈니스를 위한 밑 작업을 마친 것이다.

이제 확보한 트래픽을 이용해 어떻게 상품을 홍보하고 판매할 수 있을지 본격적으로 고민해야 한다. 중요한 것은 트래픽의 증가를 수익으로 연결할 수 있는 설계를 해 나가는 일이다. 설계 유무에 따라서 조회 수가 높아도 돈을 못 버는 경우가 있는가 하면, 조회 수도 높지 않고 팔로워 수도 많지 않은 것 같은데도 안정적인 고수익을 올리는 경우가 있다.

종종 트래픽의 증가가 곧 수익이라고 생각하는 사람들이 있는데, 트래픽이 증가한다고 자동으로 수익이 생기지는 않는다. 늘어난 트래픽을 이용해서 무언가를 해야 한다. 오직 트래픽으로만 얻을 수 있는 수익은 광고 수익뿐이다. 하지만 광고 수익은 미리 설계를 해서 일정한 수준으로 유지할 수 있는 것이 아니다. 따라서 광고 수익은 그저 용돈 내지는 부가 수익 정도로 생각하는 것이 마음 편하다.

내가 처음 월 6,000만 원의 매출을 올렸을 때 유튜브 구독자 수는 2만 명이었다. 수익은 구독자 수의 문제가 아니다. 트래픽은 결국 아무것도 보장하지 않는다. 중요한 것은 수익이다. 하지만 많은 사람이 구독자 수에만 몰입하는 경향이 있다. 지금 돈을 벌려고 채널을 운영하는 것인지, 그저 많은 구독자를 모으고 싶은 것인지 명확히 해야 한다.

구독자를 늘리는 일은 언젠가 반드시 정체기가 찾아온다. 나 역시 유튜브 구독자 수가 제자리걸음일 때가 있었다. 그렇다면 수익도 정체기였을까? 그렇지 않다.

수익화에 문제가 없을 정도로 구독자를 모았다면, 이제 어떻게 수익화를 할 수 있을지 고민해야 한다. 진짜 걱정해야 할 일은 구독자가 늘지 않는 것이 아니라, 수익화가 안 되는 것이다.

트래픽 증가로 만족할 것인가, 수익화를 설계할 것인가?

나는 블로그를 키운 다음, 그 노하우로 전자책을 제작하고 블로그 강의를 진행했다. 그렇게 수익화를 시작했다. 그런데 당시 내 전자책을 사서 읽고 블로그 강의에 참여한 사람 중 블로그는 제법 키워 놨는데 수익화에 다가서지 못하는 이들이 눈에 띄었다.

내가 블로그를 키운 목적은 당연히 돈을 벌기 위해서였기 때문에 내 강의를 들었던 사람들도 내가 이야기한 노하우를 가지고 수익화를 이루길 바랐다. 그런데 방문자 수는 몇천 명이 넘었다고 인증 글을 쓰는데, 가만히 들여다보면 수익화가 이루어지지 않는 경우가 종종 있었다.

방문자를 늘렸으면 그다음 단계로 나아가야 한다. 광고라도 집행하거나 무언가 돈을 받고 팔 수 있는 콘텐츠를 제작해야 하는데, 방문자 수가 늘어나는 것에만 꽂힌 모습을 보면 답답했다. 그래서 '블로그 강사 양성 교육'이라는 콘텐츠를 만들었다. 블로그 강사로 키워서 수익화를 할 수 있게 만들어 주는 것이었다.

당시 내가 알고 있는 모든 노하우를 다 알려 줬다. 강의 내용뿐만 아니라 PPT 만드는 방법부터 결제하는 방법, 자료를 어떻게 배포해야 하는지까지 속속들이 다 짚어 줬다. 그다음부터 블로그 강사로 강의를 해서 돈을 번 사람들이 생기기 시작했다.

유튜브도 마찬가지다. 나는 정말 빠르게 유튜브 채널을 키웠다. 거의 3주 만에 구독자 수 1,000명을 만들고, 6주 만에 1만 명이 됐다. 100일 동안 '1일 1영상'을 올리면서 꽤 빠르게 성장했다. 그런데 시간이 흐를수록 트래픽이 떨어졌다.

그럼에도 불구하고 유튜브를 계속할 수 있었던 힘은 어디에서 나왔을까? 결국 수익이었다.

나는 유튜브를 시작하고 3~4개월쯤부터 수익화를 시도했다. 먼저 '유튜브 다마고치'라는 것을 기획했다. '가상의 애완동물을 키우는 장난감 게임기'인 그 다마고치에서 따온 제목이다. 쉽게 말해 유튜브 키우는 것을 도와주는 프로젝트를 4주 정도 무료 특강으로 진행했다. 그다음 한 단계 더 나아갈 수 있는 콘텐츠를 원하는 이들에게 유료 상품인 '디지털노마드 끝판 패키지'를 안내했다. 다음 단계에 대한 갈망이 있던 많은 사람이 이 상품을 구매했다. 이어서 3주 뒤에는 '디지털노마드 SNS 끝판 강의'라는 3만 원가량의 상품을 기획했는데 300명 넘는 사람이 신청했다. 이때 한 시간에 1,000만 원을 버는 경험을 할 수 있었다. 그러고 나서는 강의 녹화본과 기존의 다른 강의를 패키지로 결합해서 30만 원에 판매했다. 이것으로 월 매출이 6,000만 원까지 발생했다. 대단한 노하우가 있어서 시작한 일이 아니었다. 트래픽과 무관하게 항상 수익화를 고민해 온 결과였다.

구독자를 모으는 것 자체가 목적이라면 트래픽 증가에 힘써야 하는 게 맞다. 하지만 우리는 수익화를 원한다. 그러므로 트래픽에만 매몰되어서는 안 된다. 오히려 트래픽이 부족해도 돈을 벌 수 있는 방법이 있다면 그것을 취해야 한다. 트래픽은 수익화에 유리한 구조를 만들어 주지만, 트래픽이 수익화의 절대적인 조건은 아니다.

이제부터 트래픽을 이용해서 콘텐츠를 판매하고, 수익을 올리고, 지속해서 안정적인 비즈니스를 운영할 수 있는 설계를 해 나가야 한다. 트래픽은 부쩍 늘었지만 막상 콘텐츠를 판매할 때는 아무도 구입하지 않는다든가, 흥미로운 콘텐츠를 만들어서 많은 사람을 모이게 했지만 정작 유료로 판매할 만한 콘텐츠를 제작할 수 없다면 트래픽의 증가는 무의미해질 수 있다.

트래픽을 성공적으로 모았다면 아주 유용한 도구를 손에 넣은 것이다. 이제 고민해야 할 것은 단 한 가지뿐이다. "무엇을 팔아서 수익화를 이룰 것인가?"

구독자가 없을 때
시도할 수 있는 것

수익화를 시도하기에
가장 적절한 시기

수익화는 언제 시도하는 것이 가장 좋을까? 채널을 만들고 기적의 삼단 논법을 적용해서 제작한 콘텐츠로 트래픽을 모아 잠재 고객을 어느 정도 형성했다면 이런 의문이 들 것이다.

이에 답을 하자면 수익화를 시작하기에 가장 적절한 시기 같은 것은 없다. 트래픽이 아무리 많아도 수익화를 하지 못하는 사람이 있는가 하면, 구독자가 0명이라도 얼마든지 수익화를 시도하는 사람이 있다. 어떤 상품을 설계하는지에 따라 구독자가 별로 없어도 수익을 올리는 일이 가능한 반면, 구독자가 많아도 상품을 구매하는 사람은 거의 없을 수도 있다.

극단적인 사례지만 둘 중 하나를 택해야 한다면 우리는 구독자가 0명이라도 수익화가 가능한 방법을 좇아야 한다. 구독자가 많으면 콘텐츠를 노출할 수 있는 사람이 많아지기 때문에 상품 판매에도 유리하다. 하지만 말 그대로 유리하다는 것이지 구독자가 많은 사람만 수익화가 가능하다는 이야기는 아니다.

트래픽을 통한 광고 수익에만 의존할 생각이 아니라면, 전자책이든 강의든 그 밖의 자료든 우리는 무엇인가를 만들어 팔아야 한다. 앞서 채널의 주제를 선정하는 방법, 그리고 기적의 삼단 논법으로 콘텐츠 만드는 방법을 충분히 이해했다면 평범한 능력으로도 얼마든지 상품을 만들어 팔 수 있다는 사실을 이해했을 것이다.

어차피 채널은 수단일 뿐이다. 트래픽 덕분에 생겨나는 광고 수익이 주 수입이라고 생각한다면 지속적인 온라인 비즈니스는 불가능하다. '하지만 콘텐츠 상품도 결국 구독자가, 이웃이, 팔로워가 있어야 판매할 수 있는 것 아닌가?' 이렇게 생각할 수도 있다. 그런데 구독자가 없어도 시도할 수 있는 것들이 있다.

한번은 이런 일이 있었다. 내가 유튜브에 '유튜브 하는 방법' '채널 만드는 방법' '영상 만드는 방법' 등을 적나라할 정도로 자세하게 만들어서 올렸는데, 누군가 그 콘텐츠로 과외를 해서 돈을 번 것이다. 당근마켓에 유튜브 과외를 시켜 주겠다고 올린 다음 내 영상을 교재 삼아서 수업을 했다고 한다. 구독자도 없이 스스로 소비자를 찾아서 수익을 거둔 것이다.

이처럼 다른 콘텐츠를 통해 공부한 내용을 바탕으로 강의를 구성해서 컨설팅을 진행하는 일도 가능하다. 이와 비슷하게 이 책을 통해 배운 내용을 바탕으로 콘텐츠를 만들거나 강의를 구상하는 것도 가능하다.

무엇이든 활용할 수 있다는 마음으로 상품을 설계해야 한다. 스스로 만든 콘텐츠가 부족하고 구독자가 전혀 없어도 마음만 먹으면 얼마든지 수익화가 가능하다는 점을 꼭 기억하자. 또한 수익화에 대한 의욕이 생기는 바로 그 시점이 수익화를 시도하기에 가장 적절한 시기라는 것도 잊지 말자.

누구나 도움이 필요하다

누구에게나 도움이 필요한 순간이 있다. 그리고 내가 아직 대단한 능력을 갖추지 않아도 노력해서 도움을 줄 수 있다. 나는 영어를 잘하지 못했을 때도 스터디를 만들어서 사람들의 영어 공부를 도왔다. 도움을 주다가 실력이 향상됐고, 결과적으로 영어 학원까지 창업할 수 있었다. 이처럼 우리는 누구에게 어떤 도움이 필요한지 알아차리는 것만으로도 비즈니스를 시도할 수 있다. 일단 누군가를 돕기 위해 앞장서겠다고 마음먹으면 충분히 그 일을 해낼 수 있다.

내가 직접 트래픽을 발생시키지 않았다고 해도 '온라인 채널에서는 어떻게 사람을 모을 수 있는지' '강의에서는 어떤 방법으로 사람들을 설득하는지' 'PPT는 어떻게 만드는지' 등등을 상품으로 기획할 수 있다. 타인의 관심사를 눈여겨보고 어떤 도움을 줄 수 있는지 연구하면 무엇이든 콘텐츠로 만들어 낼 수 있다.

그런데 만약 이조차 할 수 없는 초보라면 채널을 개설하고 콘텐츠를 만들어 보면서 스스로 한 단계씩 시도한 내용으로 유료 상품을 기획할 수 있다. 일단 관심 있는 주제를 하나 선정해서 그것을 공부하는 게 시작이다. 그렇게 지식을 조금 익힌 다음에 그것조차 모르는 사람에게 가르쳐 줄 수 있다.

이것은 내가 초보 시절에 했던 수익화 방법이기도 하다. "크리스 님 글은 끝까지 읽게 되네요"라는 댓글을 보고, 블로그 글쓰기를 어려워하는 이웃들에게 칼럼 쓰는 요령을 가르쳐 주었다. 내가 무슨 타고난 문장가이기 때문에 이런 콘텐츠를 기획할 수 있었던 것이 아니다. 영어 학원을 운영하면서도 홍보 글 쓰는 게 너무 싫어서 직원들에게 맡길 정도였다. 하지만 블로그 글은 신문에 실리는 일반적인 칼럼과는 다르다. 앞서 이야기했듯이 어느 정도의 요령만 익히면 누구나 무난한 수준의 칼럼을 쓸 수 있다. 그리고 그 방법은 얼마든지 상품이 된다.

그다음에는 방문자를 모으기 위해 키워드 포스팅이란 것을 시도했다. 실제로 키워드를 잡아서 글을 쓰기 시작하면서 블로그 방문자 수가 늘어났다. 그래서 키워드로 글을 써서 방문자 수 늘리는 방법을 또 상품으로 기획했다.

이렇게 초보 블로거들을 업그레이드시키는 상품을 기획하고 판매해서 두 달 만에 1,000만 원의 매출을 올렸다.

나의 문제점을 극복하기 위해 이런저런 연구를 하다 보면 그게 바로 콘텐츠가 될 수 있다. 나를 구독하는 한 명의 구독자가 원하는 것을 찾아서 제공하면 그게 또 콘텐츠가 될 수 있다. 채널을 제법 키운 다음 수익화를 해야 한다고 생각하지만, 한 명 두 명 늘어가는 구독자와 함께 채널을 키우면서 그 과정 자체를 콘텐츠로 만들 수도 있다는 얘기다. 주변의 문제를 들여다보고 계속 고민하다 보면 떠오르는 것들이 있다.

트래픽부터 콘텐츠까지 모든 것이 완벽하게 준비된 상태에서 온라인 비즈니스를 시작해야 한다는 생각에 지나치게 매달릴 필요는 없다. 무료 특강을 하고 싶은데 구독자가 없어서 사람 모으는 일이 고민이라면 일대일 컨설팅을 하면 될 일이다.

내가 블로그를 처음 시작했을 때 내세울 수 있었던 것은 영어 학원을 10년 이상 운영했던 경력뿐이었다. 그래서 '영어 학원 창업하는 방법' '영어 학원 창업했을 때 주의 사항' 뭐 이런 내용으로 칼럼을 써 나갔다. 이 칼럼을 보는 사람은 거의 없었다. 그런데 2주 정도 그렇게 칼럼을 쓰다 보니 비밀 댓글로 문의가 들어왔다.

제가 지금 영어 학원 창업을 고민하고 있는데, 이걸 하는 게 좋을지 안 하는 게 좋을지 고민입니다. 상담 좀 해 주실 수 있을까요?

문의를 받고 나는 무료로 컨설팅을 해 드리겠다고 답했다. 전화 통화로 30분 이상 컨설팅을 한 다음에는 후기를 남겨 달라고 부탁했다. 일대일 컨설팅으로 수익화를 한 것은 아니지만 후기가 포트폴리오가 되면서 강의를 진행한 경험이 사회적 증거로 남았다.

영어 학원 창업에 관한 칼럼은 사실 주제를 잘못 선정한 것이었다. 당시 블로그 이웃이나 방문자의 관심사에 대한 분석이 전혀 없는 상태에서 마음대로 쓴 칼럼이었기 때문에 반응도 거의 없었다. 그럼에도 불구하고 관심 있는 한 명이 있었다. 아직 구독자가 많지 않다면 소수를 대상으로 양질의 콘텐츠를 제공하면서 수익화를 시작할 수도 있는 것이다.

구독자도 콘텐츠도 부족하다면
무엇을 할 수 있을까?

마르고 닳도록 얘기해도 부족하지 않은 사실은 구독자 수나 트래픽의 증가보다 중요한 것은 상품이 될 콘텐츠를 기획하고 설계하는 일이라는 점이다.

콘텐츠는 준비됐는데 도무지 판매할 대상을 찾을 수 없다면 유튜브나 인스타그램 등에서 유료 광고를 돌리는 것도 하나의 방법이다. 다만 광고를 할 때도 단순히 상품 판매 사실을 노출하기보다는 무료 콘텐츠를 받을 수 있다고 미끼를 던지는 것이 좋다. 그럼 일단 유입률을 높일 수 있다. 결과적으로 내가 제공한 무료 콘텐츠에 만족한다면 유료 상품의 구매율도 높아진다. 이런 유료 광고는 소액으로 결제가 가능하기 때문에 부담도 적다.

그런데 구독자도 트래픽도 없으면서 콘텐츠 상품을 기획하는 능력도 부족하다고 여기는 사람들이 있다. 이럴 경우 네트워킹 networking 능력으로 수익화를 이룰 수 있다. 네트워킹 능력이란 간단히 말해서 도움을 받을 수 있는 인맥을 쌓는 능력이라고 할 수 있다. 외향적이고 친화력이 좋아서 사람들과 잘 어울리고 친구를 금방 사귀는 사람이라면 온라인 비즈니스를 잘하는 사람들과 인맥을 쌓아서 도움을 얻을 수 있다.

나는 네트워킹 능력이 약한 편이다. 그래서 반대로 네트워킹을 잘하는 사람과 친하게 지내기 위해 노력한다. 이렇게 네트워킹을 통해서 팔로워나 구독자가 많은 사람과 연결될 수 있다.

옛날 중국의 최고 명장인 한신韓信을 포로로 잡은 황제가 있었다. 그가 한신에게 이렇게 물었다고 한다.

"한신께서 보시기에 이 황제는 몇만 명의 병사를 거느릴 수 있을 것 같은가?"

그랬더니 한신이 답했다.

"황제께서는 10만 명 정도 거느릴 수 있을 것 같습니다."

황제가 다시 물었다.

"그럼 장군은 얼마나 거느릴 수 있는가?"

그러자 한신이 다시 답했다.

"저야 100만 명도 거느리고 200만 명도 거느릴 수 있습니다."

황제보다 더 많은 병사를 거느릴 수 있다는 말이었다.

"그렇게 잘난 사람이 어쩌다가 나에게 포로로 잡혔는가?"

황제의 말에 한신은 이렇게 말했다.

"병사는 100만 명을 거느릴 수 있지만, 장수를 거느리는 능력은 없지요. 하지만 황제께서는 몇십 몇백 만의 병사를 거느릴 수 있는 장수들을 거느릴 수 있기 때문에 이렇게 전쟁에서 이기고 있는 것이지요."

내가 직접 팬덤을 모을 수 없다면, 팬덤이 있는 사람과 사귀는 것도 하나의 방법이다.

언젠가 이런 일이 있었다. 아직 유튜브 구독자 수가 많지 않았던 어떤 분이 포트폴리오를 만들어서 나에게 적극적으로 제안했다.

"인터뷰, 출연하고 싶습니다."

그렇게 내 유튜브 채널에 출연한 후 이전보다 수익이 크게 늘었다는 후기를 전해 왔다. 구독자가 없어도, 콘텐츠가 부족해도 방법은 얼마든지 찾을 수 있다. 내가 무엇을 잘하는지 파악하고 그것을 최대한 활용할 수 있는 방법을 다방면으로 상상하고 설계해 보는 것이 중요하다.

이타적인
마인드셋 장착

기브 앤 테이크

온라인 비즈니스로 큰 수익을 올린 사람과 구독자는 제법 모았는데 수익이 없는 사람의 차이는 무엇일까? 가만 보면 수익을 경험한 사람은 계속해서 더 큰 수익을 경험하고, 수익을 경험해 보지 못한 사람은 그 상태가 지속되는 경향이 있다.

퀀텀 점프quantum jump라는 말이 있다. 물리학 용어로 양자가 어떤 단계에서 다음 단계로 갈 때 급격한 차이를 보이며 도약하는 것을 말한다. 그런데 요즘에는 비즈니스와 재테크 분야에서 이 말을 많이 쓴다. 사업이나 투자에 성공해서 자산이 급격하게 늘어나는 상황을 주로 '퀀텀 점프가 일어난다'고 표현한다.

온라인 비즈니스에서도 이런 퀀텀 점프를 경험할 수 있다. 차곡차곡 트래픽을 모으고 양질의 콘텐츠를 생산하다 보면 어느 순간 훌쩍 도약할 수 있는 수익을 올리게 되는 시기가 온다. 그런데 퀀텀 점프도 최소한의 발판이 있어야 일어날 수 있다.

0원에는 아무리 많은 수를 곱해도 그저 0원이다. 하지만 100만 원에서 10을 곱하면 금방 1,000만 원이 된다. 수익을 경험해 보지 못했다는 것은 0원의 상태에 있는 것이나 다름없다. 아주 작은 수익이라도 경험해 본 사람을 퀀텀 점프시키는 것이 훨씬 쉽다.

퀀텀 점프를 경험한 사람들을 살펴보면 대부분 이타적인 시각으로 콘텐츠를 설계한다. 자신만의 문제나 혼자만의 관심사에 몰두하는 사람보다는 타인의 문제와 다수가 관심을 가질 만한 사안이 무엇인지 연구하는 사람이 수익화에 더 유리하다.

우리가 흔히 쓰는 영어 표현 중에 '기브 앤 테이크give and take'라는 말이 있다. 우리는 이 말을 주는 게 있어야 받을 수 있다거나, 하나를 줬으면 반드시 하나를 받아야 한다는 의미로 자주 쓴다. 상호 교환의 관계일 때, 혹은 이해타산을 계산적으로 살필 때 쓰는 말이라고 생각한다. 하지만 기브 앤 테이크의 사전적 의미는 이와 조금 다른 뉘앙스를 지녔다. 서로 원하는 것을 가질 수 있도록 협력한다는 의미에 더 가깝다. 어떻게 보면 모두에게 유리한 것을 뜻하는 윈윈win-win과도 흡사한 말이다.

온라인 비즈니스에서는 기브 앤 테이크의 마인드가 중요하다. 이기적인 마음으로 적당한 것을 던져 주고 내가 받을 것만 생각하면 상대방도 그걸 느낀다. 반대로 진심으로 좋은 콘텐츠를 나누고 함께 성장하고 싶다는 마음을 먹으면, 저절로 상대방의 주머니가 열리는 마법 같은 일이 발생한다. 진심이 통하면 고객은 돈을 아끼지 않고 콘텐츠를 구매하며, 성심껏 후기를 올리거나 홍보에 도움을 준다. 이것이 진정한 기브 앤 테이크다.

이타적인 마인드를 장착한 기버가 되자

우리는 특히 '기브'에 초점을 두어야 한다. 중요한 것은 상대방에게 무엇을 받아 올지 미리 계산하는 일이 아니라, 무엇을 줄 수 있는지 먼저 생각하는 것이다. 먼저 내어 주는 것을 손해라고 여긴다면 크게 성장할 수 없다. 기브 앤 테이크는 반드시 똑같은 크기로 주고받는 등가교환의 법칙 같은 것이 아니다. 때로는 주기만 하고 돌려받지 못할 때도 있고, 때로는 준 것보다 더 큰 대가가 돌아오기도 한다. 하지만 내어 준 만큼 돌려받지 못해도 결코 손해가 아니다.

기버giver가 되면 나의 가치는 더욱 올라간다. 순간순간 즉각적인 반응이 오지 않더라도 서서히 호감이 쌓인다. 이렇게 충분히 신뢰가 형성된 다음에 무언가를 제안하면 주머니를 여는 고객은 자연스레 늘어날 수밖에 없다.

기버가 되는 가장 좋은 방법은 다른 사람의 문제를 해결하는 것이다. 자기 문제에만 관심을 기울이는 사람은 우물 안 개구리에 그칠 수 있다. 기껏해야 비슷한 문제를 지닌 사람들 사이에서만 인정받을 수 있기 때문이다.

하지만 성공한 사업가들은 '사람들은 어떤 고민을 할까?' 들여다본다. 그걸 찾아내서 해결해 주는 것으로 비즈니스를 한다. '수익을 얻는다'는 것을 다른 말로 표현하면 '다른 사람의 가치를 높여 주는 것'이다. 이 생각만 확고하다면 어디서든, 무엇을 하든 반드시 성공한다. 우리는 온라인 비즈니스로 수익을 얻는 것이 목표다. 그것은 타인의 가치를 높여 줄 수 있을 때 가능하다. 그래서 우리는 이타적인 사람이 되어야 한다.

'이타적'이라는 단어의 사전적 의미는 자기 이익보다 남의 이익을 더 추구한다는 뜻이다. 하지만 내가 말하는 이타적인 사람은 사전적 의미와는 조금 다른 의미를 내포하고 있다. 여기서 '이타적인 사람'이라는 뜻은 나와 무관한 타인의 문제에도 관심이 많은 사람을 말한다. 다양한 사람과 어울리는 것을 좋아하고 굉장한 마당발이어서 누구하고나 금방 친구가 될 수 있는 사람을 말하는 것이 아니다. 늘 다른 사람에게 양보하고 주변을 항상 배려하는 착한 사람을 말하는 것도 아니다. 행동이나 성격으로 파악하는 것이 아니기 때문에 표면적으로는 알기 힘들다.

겉으로는 두루두루 친화력이 좋아서 이타적으로 보이지만 사실은 그렇지 않은 사람도 있고, 사회생활이 가능할까 싶게 무뚝뚝하고 조용하지만 다른 사람의 문제에 호기심이 많은 사람도 있다.

이타적인 사람의 반대가 이기적인 사람이라고 오해해서는 안 된다. 여기서의 이타성은 서로서로 댓글을 남기고 응원하는 훈훈한 행동을 의미하지 않는다. 착하거나 나쁘다는 의미가 아니라 다른 사람의 문제까지 살필 수 있는 시야가 있는지 여부를 뜻한다. 그동안 컨설팅을 하면서 지켜본 사람들 중에서 수익을 경험한 이들은 대부분 이런 이타성이 있었다.

비즈니스의 본질은 남의 문제를 해결하고 돈을 받는 것이다. 다른 사람의 문제에 호기심을 갖고 해결책을 찾는 것으로 접근해야 한다. 그렇다면 어떻게 해야 이런 이타적인 마인드를 장착할 수 있을까?

블로그를 하면서 '다른 사람들은 지금 뭘 알고 싶어 할까?' 고민하다 보면, 블로그 이웃들이 방문자를 늘리고 싶어 한다는 것을 쉽게 알 수 있다. 또한 어떻게 하면 사람들이 많이 읽는 칼럼을 쓸 수 있을지 알고 싶어 한다. 이런 방식으로 다른 사람의 문제를 알아 가는 것이다.

보험 회사에서 잠깐 일했을 때 교육하는 분이 이렇게 이야기한 적이 있다.

"왜 고객에게 보험 들라는 이야기를 못 하세요? 이야기를 못 하는 이유는 여러분이 수당을 먼저 생각하기 때문이에요. 먼저 저 사람에게 정말로 보험이 꼭 필요하다는 것을 뼈저리게 느낀 다음 제안하면 계약서를 씁니다. 그게 먼저예요."

자기 자신의 문제만 파고들어도 돈을 벌 수 있다. 하지만 장기적으로는 타인의 문제에 관심 있는 사람만이 성공적으로 비즈니스를 운영할 수 있다. 따라서 비즈니스의 기초를 설계할 때부터 다른 사람의 문제를 발견하기 위한 연습을 해 두는 것이 좋다. 컨설팅을 하다 보면 가끔 "저는 다른 사람의 문제가 눈에 잘 안 들어와요" "저는 원래 좀 이기적인 편이라…" 이렇게 말하면서 타인의 문제를 찾는 일을 어려워하는 사람들을 만난다. 하지만 온라인 비즈니스에서 이런 마인드는 곤란하다. 핑계를 대지 말고 변화를 위해 노력해야 한다.

나의 이익을 먼저 생각하면 고객에게 제안할 때도 눈치가 보인다. 그러나 '저 사람들의 가치를 반드시 업그레이드시키겠다' '내 강의를 듣는 고객 모두 잘되게 만들겠다'고 진심으로 생각하면 사람이 모이지 않을 수가 없다.

내 채널에 방문했다고 해서 모두가 나의 콘텐츠를 소비하는 것은 아니다. 하지만 공지는 확인한다. 공지를 보고 나서 '어떻게 무료로 이렇게까지 알려 줄 수 있지?' 하는 마음이 싹트는 순간 잠재 고객이 형성되는 것이다. 이때 정말 필요한 정보를 아낌없이 제공하면 팬이 된다.

팬슈머를 모아야 성공한다

팬슈머fansumer라는 말이 있다. 소비자를 뜻하는 컨슈머consumer라는 단어에 팬fan을 합한 말이다. 단순히 제품을 소비할 때뿐만 아니라 상품을 기획하고 유통하고 판매하는 모든 과정에 관여하는 소비자를 뜻한다. 이들은 비판과 간섭도 심하지만 정말 마음에 드는 훌륭한 제품을 만나면 알아서 적극적으로 홍보도 하는 충성도 높은 팬이 된다.

온라인 비즈니스 설계는 철저하게 팬슈머의 관점에서 이루어져야 한다. 칼럼을 쓰고 영상을 만들 때도 팬슈머를 모은다는 생각으로 해야 한다. 열정을 지니고 다른 사람의 문제를 해결하기 위해 애쓴다는 사실이 느껴지는 것이 중요하다. 그런 척만 하는 것이 아니라 진짜 그런 마음으로 고객과 콘텐츠에 다가가야 한다는 말이다.

이 과정에서 우리는 '나만의 무기로 쓰기도 아까운 정보를 알려 주면 뭐가 남지?' '내가 알려 준 정보를 바탕으로 나보다 더 성장하면 어쩌지?' '원하는 만큼 수익화에 성공하기도 전에 애써서 경쟁자를 키우는 꼴은 아닐까?' 하는 우려를 하게 된다.

물론 나의 고객이 급속도로 성장해서 경쟁자가 될 수도 있다. 하지만 내 전자책을 구입하고 강의를 들은 사람 중 누구도 성장하지 못했다면, 그게 더 안타까운 일이다. 그래서 나는 항상 새롭게 익힌 지식을 최대한 가감 없이 몽땅 알려 주려고 하는 편이다. 하나를 배워도 바로 적용해 보고 콘텐츠로 만들어 공유한다.

고객의 성장은 나의 포트폴리오와 다름없다. 경쟁자가 생길까 봐 유효한 지식을 감추는 일은 고객을 정말 돈벌이의 수단으로밖에 보지 않는 것이다. 이럴 경우 운이 좋아서 한순간 수익을 올릴 수는 있어도 장기적으로 좋은 평판을 유지하며 성공적인 비즈니스를 지속하기는 어렵다.

온라인 비즈니스 상품은 독과점이 가능한 제품이 아니다. 경쟁자가 생기는 것을 두려워한 나머지 어쭙잖은 상술을 부리면서 제대로 된 콘텐츠를 제공하지 않는다면, 고객은 결국 더 많은 지식을 알려 주는 다른 사람을 찾는다.

유사한 내용의 콘텐츠를 판매하더라도 나와 성향이 잘 맞는 고객이 있고, 다른 판매자와 성향이 더 잘 맞는 고객이 있다. 또한 사람의 성격과 취향과 사고방식은 모두 천차만별이기 때문에 내 콘텐츠를 통해 성장했다고 하더라도 나와 똑같은 사람이 복제되는 것은 아니다.

그래서 나는 경쟁자를 키운다고 생각하지 않는다. 고객의 가치를 업그레이드하면 나의 가치는 더욱 올라간다. 내 고객이 경쟁자로까지 성장한다면, 위기감을 느낄 일이 아니라 뿌듯하고 보람차게 생각할 일이다. 게다가 그렇게 성장할 수 있는 사람이라면 내 콘텐츠를 소비하지 않더라도 반드시 성장을 이룰 것이다. 그러므로 경쟁자라는 말보다는 동료라는 말이 더 어울린다.

파워블로거가 각광받는 시기가 있었고, 너도나도 다 유튜브에 뛰어들어야겠다고 생각하는 시기가 있었다. 이처럼 온라인 콘텐츠 시장에도 시시때때로 유행이 지나가고 또 새로운 기류가 형성된다. 그런 시류가 있기 때문에 '블로그 강의' '유튜브 강의' 같은 것도 생겨난 것이다. 바로 '수요층'이 형성되는 것이다. 그러면 당연히 상품을 제공하는 공급자도 생겨나기 마련이다. 내가 아니라도, 내가 경쟁자를 키워 내지 않더라도, 그 자리는 누군가에 의해 채워진다.

경쟁자가 없는 시장은 기회일 수도 있지만, 애초에 호황을 누리기 힘든 시장일 수도 있다. 블로그 시장이 활성화되고 유튜브가 급성장을 하게 된 이유는 모두 콘텐츠 창작자들이 서로 더 나은 가치를 만들기 위해 경쟁했기 때문에 가능했다.

다시 말하지만 비즈니스는 남의 문제를 해결하고 신뢰를 쌓아가는 과정이 반복되는 것이라고 생각하면 좋다. 여러분의 도움을 받고 성장을 거듭한 팬슈머는 결국 여러분의 가장 든든한 동료가 된다. 중요한 것은 진심으로 이타적인 마음을 장착하는 것이다. 트래픽을 늘리고, 콘텐츠를 만들고, 또 판매하는 과정마다 기브 앤 테이크의 마음으로 설계를 해보자. 아주 놀라운 경험을 할 수 있을 것이다.

☑ 부록 2

콘텐츠 생산자가 매일 해야 하는 일

콘텐츠를 소비만 하던 삶에서 직접 생산하기 시작한 이후 매일 실천하기 위해 노력하는 습관들이 생겼다. 이를 정리하면 다음과 같다.

① 마인드셋 훈련

긍정적인 마인드가 없다면 아무리 좋은 비즈니스 도구를 갖추어도 성공하기 어렵다. 반드시 목표를 이룰 것이라는 믿음이 있어야 한 단계 한 단계 나아갈 수 있는 추진력이 생긴다.

새로운 도전에 관심이 생겨도 '내가 과연 할 수 있을까?'라는 의심을 마음에 품는 사람이 의외로 많다. 아무리 좋은 얘기를 들어도 부정적인 생각을 깨기가 쉽지 않다. 나아가야 할 방향과 방법을 익혀도 스스로 의심하며 선뜻 발을 떼지 못한다. 나 역시 그런 의심이 들 때가 많다. 출중한 능력이 없다 보니 자신감이 떨어질 때도 많다. 뇌가 긍정 회로를 돌리고 있을 때는 뭐든 할 수 있을 것 같다가도, 현실을 마주하면 눈앞이 캄캄해지면서 시도할 엄두가 나지 않는다. 이를 타파하고 목표를 향해 나아가기 위해서는 마인드셋 훈련이 필요하다. 우리가 익히 아는 『돈의 속성』의 저자 김승호 회장도 이러한 훈련을 한다.

훈련으로 어느 정도 부정적인 생각의 늪에서 빠져나오는 일이 가능하다. 나는 '매일 목표 100번 쓰기'로 긍정적인 마인드를 키우는 훈련을 한다. 예를 들어 "나는 2024년 12월에 2억 원을 벌었다"는 식의 문장을 매일 100번씩 쓰는 것이다. 날짜와 벌고 싶은 돈의 금액까지 구체적으로 적는다. 그러면 우리 뇌의 망상 활성계가 목표를 이루기 위한 모든 정보를 무의식적으로 잡아내기 시작한다. 블로그를 시작한 지 2개월 만에 1,000만 원 넘는 돈을 벌고, 유튜브를 시작한 지 6개월 만에 매출 6,000만 원을 달성한 이유도 반드시 그만큼 벌어야겠다는 목표를 망상 활성계가 인지했기에 가능했다. 그래서 바라는 목표가 뇌 속에서 잊히지 않도록 100번 쓰기를 실행하고 "나는 2024년 12월에 2억 원을 벌었다"라는 말을 되뇌이며 산다.

그런데 이런 힘조차 나지 않을 때가 있다. 쓰디쓴 패배를 계속 맛보다 보면, 펜을 들 힘도 없어진다. 그럴 땐 반복적으로 말을 한다. 김승호 회장은 나처럼 100번 쓰기를 하는 대신, 길을 걸을 때도 중얼거릴 정도로 목표를 잊지 않는 훈련을 한다고 한다. 평소 부정적인 생각에 잠식되는 일이 많다면, 이처럼 의식적으로라도 목표를 입에 붙여 보자. 그러면 망상 활성계는 목표를 향해 무의식적으로 나아간다.

② 독서

나는 주로 전자책으로 독서를 하는 편이다. 2020년부터 지금까지 몇 권의 전자책을 열어 봤는지 확인했더니 1,000권이 넘었다. 물론 모든 책을 완독한 것은 아니다. 일단 차례를 확인하고 읽을 만한 책인지 판단하는데, 그냥 차례만 보고 닫는 책이 60퍼센트 이상은 되는 듯하다. 그다음 유용한 지식이 담겨 있는지, 이미 알고 있는 내용이거나 굳이 읽어 보지 않아도 뻔한 책인지 등을 대략 훑어본다. 그러고 나서 독서를 시작하는데, 끝까지 다 읽고 몇 번을 다시 열어 보는 책이 있는가 하면 도중에 읽기를 그만두고 다시 열어 보지 않는 책도 있다.

어떤 책에서 어떤 아이디어를 얻을 수 있을지 모르기 때문에 장르를 가리지 않고 다양한 독서를 하는 것도 좋지만, 콘텐츠 생산자로서 의무감을 가지고 습관처럼 확인해야 하는 책은 재테크, 자기 개발, 마케팅 분야의 실용 도서들이다. TTS(Text to Speech: 음성 합성 시스템)로 읽어 주는 오디오북을 틀어 놓으면 중간에 진도가 나가지 않아서 지지부진하게 시간을 소비하는 일 없이 빠른 독서가 가능하다. 특별히 독서 시간을 내기보다는 산책할 때 혹은 출퇴근 길 차 안에서 틈날 때마다 듣는다.

얼마나 많은 책을 읽었고 어떤 유명한 책을 읽었는지는 중요하지 않다. 그보다는 책에서 얻을 수 있는 정보와 아이디어가 중요하다. 책을 통해 최신의 지식 트렌드를 파악하고 콘텐츠를 만들거나 마케팅, 브랜딩, 세일즈 등의 작업을 할 때 필요한 기술을 습득해야 한다. 책은 양질의 지식을 비교적 부담 없는 가격으로 취할 수 있는 가장 합리적인 수단이다.

③ 메모

나는 때때로 정말 많은 아이디어가 떠오르는데, 그때마다 메모를 활용한다. '아, 아까 진짜 좋은 아이디어가 떠올랐는데…'라는 생각이 들면 이미 아이디어를 놓친 것이다. 아이디어가 떠오르자마자 아주 간단하게라도 적어 둔다. 필기구가 없으면 휴대폰 메모장에 얼마든지 기록이 가능하다.

책을 읽다가 좋은 내용이 있어도 메모를 해 둔다. 나중에 직접 실행하거나 응용해 보기 위해서다. 책에 관한 평가나 감상 등을 두서없이 적어 두기도 한다.

그리고 나중에 메모장을 열어서 기록해 둔 문장이나 아이디어를 서로 연결해 본다. 그렇게 콘텐츠의 소재를 구상하기도 하고, 지식을 발전시켜 나가는 재료로 쓰기도 한다.

특히 긴장이 이완되었을 때 아이디어가 잘 떠오른다. 샤워할 때나 잠자기 전 갑자기 떠오른 아이디어를 메모해서 놓치지 말자. 나는 휴대폰 메모 앱을 활용해 샤워 중에도, 자다가 깼을 때도 떠오른 아이디어가 있다면 바로바로 적어 둔다. 이렇게 메모에서 시작된 아이디어가 발전해서 수익화로 이어진 것이 정말 많다.

④ 운동

운동의 중요성은 아무리 강조해도 부족하다. 그런데 바빠서 운동할 시간이 없다고 말하는 사람이 의외로 많다. 하지만 시간 낼 겨를이 없어도 밥 먹고 씻고 잠자는 것처럼 운동 역시 일상의 한 부분으로 여겨야 한다.

나는 집안에 당뇨 이력이 있어서 30대 초반부터 운동의 중요성을 절실히 느꼈다. 하지만 그전까지는 운동과 담을 쌓았던 터라 꾸준히 운동하기가 쉽지 않았다. 그래서 처음에는 부담 없는 산책을 시작했고, 산책이 익숙해진 후에는 조금씩 강도가 높은 운동을 했다. 숨이 차지 않으면 운동이 아닌 노동이라는 말을 들었다.

숨 가쁜 운동으로 심장 박동이 빨라지고 땀을 뻘뻘 흘리다 보면 스트레스도 해소된다. 나이가 들수록 관절이 뻐근해지고 근육통도 더 잘 생기기 때문에 하루라도 빨리 규칙적인 운동을 시작해야 더 오래 건강한 몸을 유지할 수 있다.

　나는 매일 산책을 하고, 일주일에 최소 3회 이상은 숨이 가쁜 정도의 강도를 느낄 수 있는 운동을 한다. 꾸준히 운동하면 병치레도 미리 예방할 수 있고 긍정적인 마인드셋을 갖는 데도 도움이 된다.

CHAPTER 3

온라인 비즈니스 설계

온라인 수익화를 위한
기초 준비

우리에게는 '온라인 수익화'라는 분명한 목표가 있다. 또한 온라인에서 수익화를 시도하려면 어떤 도구를 갖춰야 하는지 배웠다. 그러므로 이제부터 본격적인 온라인 비즈니스 설계 방법을 익힐 차례다. 여기에서는 누구나 바로 따라 할 수 있는 온라인 무자본 창업 방법을 단계별로 설명할 것이다.

인터넷에 검색하면 많은 온라인 비즈니스 노하우를 찾을 수 있다. 하지만 정말 초보자는 그래서 뭘 어떻게 해야 한다는 말인지 여전히 막막하다. 검색을 통해 어떤 비즈니스로 어떻게 돈을 버는지 개념은 대충 이해할 수 있지만, 당장 뭘 시작해야 하는지 와닿지 않는 것이다. 나 역시 마찬가지였다. 뭔지 잘 알지 못하는 상태에서 이 일을 시작했다. 하지만 다행히 빠르게 브랜딩을 해서 돈을 벌 수 있었다.

다시 한번 간단히 정리해 보자면, 우리는 지식 콘텐츠를 가공해서 판매하는 것으로 무자본 창업을 할 수 있다. 이 온라인 비즈니스는 그야말로 저비용·고효율 사업이다. 물론 비즈니스가 본격적인 궤도에 올라서면 새로운 지식을 익히는 데 투자하는 비용이 발생하지만, 투자는 그만큼 큰 수익으로 되돌아온다. 얼마든지 단시간에 이윤을 얻을 수 있으며, 잘못된 설계로 실패를 맛본다고 해도 크게 잃을 것이 없다. 실패해도 그 경험을 바탕으로 노하우를 재정비해서 다시 새로운 콘텐츠를 만들어 판매할 수 있다.

아무리 생각해도 다른 사람에게 알려 줄 만한 지식이 없는데 어떻게 지식을 판매하라는 말인지 반신반의할 수도 있다. 나 역시 그런 지식이 있었던 것은 아니다. 그럼에도 불구하고 성공적으로 수익화를 이루었기에 자신 있게 '누구나' 가능하다고 말할 수 있다. 우리가 이제부터 익힐 것은 지식을 만드는 과정까지 포함하고 있는 아주 효율적인 방법이기 때문이다.

어떤 비즈니스든 성공하기 위해서는 전략이 필요하다. 브랜드 인지도를 높이고 대중의 관심을 모아도 수익화로 나아가는 경로를 설계해 두지 않으면 이윤을 얻기까지 먼 길을 돌아가야 하는 일이 생기기도 한다. 따라서 탄탄한 도구를 갖추고 성공률 높은 기술을 적용해서 최대한 효과적인 전략을 설계해야 한다.

그 전에 먼저 온라인 비즈니스의 바탕이 되는 기본 도구를 점검한 후에 본격적인 설계로 이어가 보자.

① 채널

온라인 무자본 창업을 위해서는 일단 온라인 플랫폼이 필요하다. 내가 추천하는 건 '블로그'와 '유튜브'다.

온라인 플랫폼 운영에 익숙하지 않다면 블로그로 시작하는 것이 좋다. 블로그 중에서도 티스토리 블로그보다는 네이버 블로그를 추천한다. 그 이유는 간단하다. 네이버 블로그가 가장 쉽기 때문이다. 네이버 블로그는 직관적이며 까다롭지 않고 사람들이 가장 잘 아는 블로그이기도 하다.

물론 블로그 외에 다른 플랫폼을 기반으로 비즈니스 설계를 시작해도 괜찮다. 성향이나 취향을 잘 고려해서 적절한 채널을 선택하면 된다. 다만 인스타그램은 사진을 찍거나 이미지를 만들어서 올려야 하는 불편함이 있고, 유튜브는 기본적인 영상 촬영 및 편집 능력이 있어야 하기 때문에 초보자가 바로 시작하기엔 조금 난도가 있다. 하지만 네이버 블로그는 타자를 칠 수만 있다면 누구나 바로 시작할 수 있다.

플랫폼을 선택할 때 염두에 두어야 할 점은 내가 지금 감당할 수 있는지 여부다. 이미 다양한 플랫폼에 익숙하다면 문제가 없지만, 온라인 비즈니스를 설계하기 위해 플랫폼을 개설하는 초보라면 부담스럽지 않게 관리할 수 있는 플랫폼을 선택해야 한다. 쉽게 말해서 난이도가 낮은 것부터 도전하라는 뜻이다.

하지만 온라인 플랫폼 운영 경험이 있다면 유튜브를 중심으로 시작하는 것이 좋다. 초보자도 경험이 쌓이면 유튜브에 도전해 보기를 권한다. 유튜브에 모이는 트래픽이 가장 일반적인 잠재 고객일 확률이 높기 때문이다. 블로그에서 모을 수 있는 소비자는 주로 블로그 자체에 관심이 있는 사람들이다. 블로그와 관련 없는 지식 콘텐츠를 판매할 때는 구매율이 저조할 수 있다. 그에 비해 유튜브에서는 좀 더 보편적인 소비자를 모을 수 있다. 특정 분야뿐만 아니라 다양한 관심 분야를 가진 무작위의 사람들이 몰려들어 유효한 잠재 고객 확보에 훨씬 유리하다. 블로그 이웃은 대체로 자신도 블로그에 글을 쓰는 생산자라서 다른 글에 관심이 적지만, 유튜브에 방문하는 사람은 대부분 콘텐츠 소비자이기 때문이다.

어떤 플랫폼을 선택하든지 중요한 것은 일단 채널을 키워서 트래픽을 모으는 데 집중해야 한다는 점이다. 채널은 일종의 교통수단이다. 채널을 키우는 것 자체를 목적으로 삼아서는 안 된다. 채널은 그저 설정해 놓은 목적지로 가기 위해 올라타야 하는 도구다.

② 트래픽

채널을 개설한 다음에는 꾸준히 콘텐츠를 만들어 올리면서 트래픽을 모아야 한다. 트래픽을 모은다는 것은 많은 사람이 내 채널을 찾아오게 만든다는 의미다. 그렇게 나를 알게 되는 사람이 많아질수록 잠재 고객의 수가 늘어난다.

블로그 이웃 5,000명, 유튜브 구독자 1만 명 등의 기준을 세워 두고 목표 달성에 적합한 콘텐츠를 꾸준히 업로드하는 것이 좋다. 트래픽이 없어도 온라인 비즈니스를 시도할 수는 있지만, 트래픽이 많을수록 수익화에 유리하다. 따라서 가능하다면 최대한 많은 트래픽을 모으기 위해 노력해야 한다. 많은 트래픽은 무엇보다 든든한 무기가 된다.

블로그에서는 키워드 포스팅으로 트래픽을 발생시킬 수 있고, 유튜브에서는 많은 사람이 클릭하는 정보 및 소식 등을 알려 주는 것으로 트래픽을 발생시킬 수 있다.

③ 상품

트래픽이 어느 정도 모였다면, 지식 콘텐츠 상품을 판매할 수 있는 시장이 형성된 것이다. 이제 수익과 직결되는 판매 상품을 기획해야 한다. 잠재 고객이 아무리 많아도 팔 물건이 없다면 돈을 벌 수 없다. 대표적인 온라인 지식 비즈니스 상품의 종류와 구성 방법을 정리하면 다음과 같다.

전자책

20쪽 이상의 문서를 작성해서 전자책으로 만들어 판매할 수 있다. 분량은 자유롭지만, 최근에는 100쪽 이상의 전자책이 선호도가 높다. 반드시 글자로만 100쪽을 채울 필요는 없다. 글씨 크기나 행간 및 자간 등을 조정해서 빽빽하게 80쪽 정도인 원고를 100쪽으로 만들 수도 있고, 사진이나 그래프 등의 이미지 자료를 추가해서 전체적인 분량을 늘릴 수도 있다. 편집 작업을 통해 원고를 좀 더 보기 좋게 구성하고 포장하는 것이다. 80쪽이라서 절대 안 팔리고 100쪽이 넘어야 반드시 팔린다는 의미가 아니다. 중요한 것은 '구매자의 심리적 만족감'이다. 충분히 돈을 들여서 살 만한 가치가 있다고 생각되는 분량과 모양새 등을 갖추어야 한다.

전자책은 기본적으로 워드나 한글 같은 문서 파일에 글을 쓰고 PDF 형식으로 변환해서 판매한다. 저가 전자책은 1만 원 이하짜리도 있고, 고가 전자책은 수십만 원에 달하는 것도 있다. 전자책에 일대일 코칭권이나 영상 자료를 첨부해서 추가 요금을 받기도 한다.

일대일 코칭 또는 컨설팅

내가 처음으로 판매했던 지식 콘텐츠 상품이 바로 일대일 코칭이다. 마치 과외 수업을 하는 것처럼 일대일로 블로그 강의를 했다. 코로나19

팬데믹 시기였기 때문에 온라인 화상 회의 프로그램을 이용해서 비대면으로 진행했다. 온·오프라인 여부는 판매자의 성향과 구매자의 요구 등을 고려해서 결정하면 된다. 온라인으로 진행하면 얼굴을 직접 마주하는 부담이 적어 더 많은 사람이 구매할 가능성이 있고, 오프라인으로 진행하면 판매자와 구매자 사이의 공감대 및 유대감이 강화되는 효과가 있어 집중도가 높다. 오프라인 코칭 및 컨설팅을 진행할 때는 스터디룸이나 회의실을 대여하는 것이 좋으며, 보통 서울에서 진행하는 것이 좋다. 지방 거주자들도 서울에 올라오는 것을 선호하는 편이다. 인터넷에 '○○동 회의실'로 검색하면 시간당 비용과 음료 제공 여부 등을 확인할 수 있다.

구체적 예시가 적용된 컴퓨터 화면을 직접 보여 주면서 설명하고, 이해하고 있는지 확인하면서 진행하면 만족도가 올라간다. 시간당 적게는 3만 원에서 많게는 100만 원 이상으로 가격 책정이 가능하다. 강사의 경력과 강의 구성 내용에 따라 다양한 가격대로 상품을 기획할 수 있다. 강의 녹화 영상이나 강의 노트 등을 추가 제공하면 만족도가 더욱 커진다.

라이브 강좌

다수가 참여하는 라이브 강좌는 일단 무료 강의로 기획하는 것이 좋다. 일일이 구체적 예시가 적용된 컴퓨터 화면을 보여 주기보다는 파워포인트나 키노트를 활용해서 핵심 내용을 공지한 다음 설명하고, 강의 후반부에 유료 강의를 홍보하며 구매 유도를 한다.

온·오프라인 강의 모두 가능하지만, 오프라인 강의는 제약이 많다. 강의 장소에 칠판이 있고 빔 프로젝터 사용이 가능한지 등을 확인해야 한다.

또한 프레젠테이션용 리모컨이 있는지도 미리 확인해야 마우스를 들고 강의하는 당황스러운 상황이 생기지 않는다. 강의 자체는 무료로 진행하지만, 장소 대여 비용이 발생한다면 2만~4만 원 정도의 참가비를 받는 것도 괜찮다.

반면에 온라인 강의는 장소를 대여할 필요가 없기 때문에 비용이 거의 들지 않는다. 줌Zoom 사용법과 오비에스 스튜디오OBS Studio 사용법을 익히면 유용하게 활용할 수 있다. 강의 참가자가 아주 많다면 수천 명에게 동시 송출이 가능한 유튜브 라이브로 진행하는 것이 좋다.

물론 다수가 참여한다고 무조건 무료로만 진행해야 하는 것은 아니다. 최근 어떤 강사는 80명 정원에 3시간 강의로 19만 9,000원의 비용을 받기도 했다. 오프더레코드로만 말할 수 있는 민감한 정보가 포함된 강의라면 얼마든지 고가의 가격 책정이 가능하다.

온라인 VOD 서비스

다수가 참여하는 라이브 강좌를 무료로 진행하라고 권하는 것은 모든 사람이 이해하고 있는지 확인하면서 강의를 진행하기가 어렵기 때문이다. 하지만 VOD로 녹화한 강의 상품은 얼마든지 유료로 판매할 수 있다. 컴퓨터 화면을 하나씩 보여 주며 바로 따라 할 수 있는 구체적인 지식을 전달하는 것이 가능하고, 구매자가 이해하지 못했다면 여러 번 돌려 보며 반복 시청할 수 있기에 유료 가치가 충분하다.

VOD 강의를 판매하는 전용 온라인 플랫폼을 이용하면 손쉽게 강의 사이트를 만들 수 있다. 다만 플랫폼에 입점할 때는 수수료가 발생한다. 나는 '라이브클래스'라는 플랫폼을 활용해서 레벨업메이트(www.lvupmate.kr)라는 유료 강의 사이트를 운영하고 있다. 라이브클래스 또한 수수료가 있지만 자동 메일 발송, 결제 즉시 서비스 제공 등으로 CS 비용을 아낄 수 있기에 아깝지 않다. 사용 방법이 간단해서 온라인 비즈니스 사업가들이 많이 애용한다. 이 외에도 '퍼널모아' '카자비' 등등 다양한 플랫폼이 있으니 각자 자신에게 맞는 것을 사용하면 된다. 짧은 강의는 4시간, 긴 강의는 10시간 이상짜리도 올릴 수 있다. 4시간 강의라고 해서 하나의 영상으로 올리기보다는 여러 개로 나누어 올리는 것이 구매자가 보기 편하다. 구매자는 강의 차수가 많고 총 러닝타임이 길수록 심리적 만족감을 느낀다.

그런데 VOD 강의를 신청만 하고 수강하지 않는 구매자가 은근히 많다. 그래서 판매자들은 완강 챌린지challenge를 진행하거나 커뮤니티 모임 등을 운영해서 강의 수강률을 최대한 높이기 위해 노력한다. 앞으로 온라인 비즈니스 강사가 점점 늘어날 전망인 만큼 VOD 강의를 판매할 때는 단순히 결제 건수를 올리는 데만 치중하지 말고, 완강률을 높여서 최대한 많은 구매자가 강의 효과를 누릴 방법을 고민해야 한다. 나의 경우에는 강의 외에 매주 온라인 스터디를 하고 매월 2회 오프라인 모임을 진행한다. 라이브로 만나는 빈도가 높을수록 수강생의 완강률이 상승한다. 또한 구매자를 '수강생'이라고 부르는 대신 '제자님'이라고 칭하며 끝까지 책임지려고 한다. 이처럼 책임감을 가지고 돕다 보면 나의 성장에도 도움이 되고 수강 만족도도 크게 오른다.

수익화 전략 1단계: 마케팅

마케팅은 알게 만드는 것

수익화 전략의 첫 번째 단계는 마케팅이다. 지식 콘텐츠를 통한 온라인 무자본 창업 설계는 '마케팅 → 브랜딩 → 세일즈'의 단계로 이루어진다. 이 세 가지 요건이 충족되지 않으면 수익화를 실현하기 어렵다. 각각의 요건이 구체적으로 어떤 의미를 내포하고 있는지 이 책을 만난 경로를 예시로 설명해 보겠다.

먼저 여러분이 유튜브 광고를 보고 이 책을 구매했다고 해 보자. 혹은 노마드크리스라는 사람이 인터뷰하는 영상을 봤다거나, 인스타그램에서 책을 홍보하는 카드뉴스를 보고 구입을 했다. 그 이전에는 노마드크리스에 대해 잘 몰랐는데 광고와 인터뷰, 카드뉴스 등을 보고 이 책을 구입한 것이다. 이는 '마케팅'을 통해 유입된 고객이다.

이번에는 여러분이 노마드크리스라는 사람을 원래 알고 있었다고 가정해 보자. 노마드크리스가 블로그에 썼던 칼럼과 유튜브에 올린 영상을 소비한 적이 있어서 책이 출간되었다는 얘기를 듣자마자 믿고 구입했다. 이는 '브랜딩'을 통해 유입된 고객이다.

그리고 '세일즈'는 수익을 목적으로 하는 모든 행위를 의미한다. 마케팅으로 노마드크리스를 알게 되었어도 책이라는 상품과 판매처가 마련되어 있지 않았다면, 즉 세일즈를 하지 않았다면 구매로 이어지지 못한다. 또한 브랜딩으로 노마드크리스라는 사람에게 신뢰가 생겼다고 해도 책이 출간되었으니 구매해 달라는 얘기를 듣지 못했다면, 즉 세일즈를 하지 않았다면 구매로 이어지지 못한다.

간단하게 정리하면, 마케팅은 '알게 만드는 것'이고 브랜딩은 '믿게 만드는 것'이며 세일즈는 '사게 만드는 것'이다. 마케팅 전문가가 보면 엉터리라고 할지도 모르지만, 영어 학원 운영과 온라인 비즈니스를 합쳐 15년간 사업한 경험을 바탕으로 내가 정의해 본 것이다.

마케팅 = 알게 만드는 것

브랜딩 = 믿게 만드는 것

세일즈 = 사게 만드는 것

마케팅은 나와 내 상품의 존재를 많은 사람에게 알리는 역할을 한다. 시장에 가면 상인들이 판매하는 상품을 알리기 위해 큰 소리로 외치는 것을 볼 수 있는데, 이 또한 마케팅이다. 가끔은 일부러 호기심을 부추기는 부정적인 이슈를 만들어서 상품의 존재를 알리는 일도 있다. 흔히 노이즈 마케팅noise marketing이라고 부르는 방법이다.

우리가 온라인 비즈니스에서 실패를 경험하는 가장 큰 이유는 바로 마케팅이 아니라 브랜딩을 먼저 시도하기 때문이다. 보통 블로그 강의에서는 채널을 만든 다음 콘텐츠를 만들어 올리면서 퍼스널 브랜딩을 하라고 한다. 그렇게 브랜딩이 되면 자연스럽게 마케팅이 이루어지기 때문에 수익을 창출할 수 있다고 말한다. 얼핏 일리 있는 이야기처럼 보인다. 하지만 잘 생각해 보자. 알게 하는 것과 믿게 하는 것 중에 더 어려운 일은 무엇일까? 당연히 믿게 하는 것이다. 일단 알게 만드는 일은 긍정 혹은 부정의 감정을 고려할 필요가 없다. 하지만 믿게 만드는 일은 긍정적인 감정을 불러일으켜야 가능하다.

사람이 모이지도 않았는데 믿게 만드는 작업을 시도해 봤자, 그 효과가 두드러질 리 없다. 그래서 우리는 좀 더 정교한 설계가 필요한 브랜딩 작업보다 사람을 모으는 것만으로 어느 정도 달성이 가능한 마케팅 작업을 먼저 시도할 것이다. 이 순서만 바꿔도 달라지는 게 정말 많다. 무엇보다 빠른 수익화가 가능해진다. 그러니 이제부터 '마케팅 → 브랜딩 → 세일즈'의 순서를 반드시 기억하길 바란다.

나는 이 방법으로 수천만 원의 마케팅 비용을 아꼈다. 학원을 운영할 때나 온라인 창업을 했을 때나 광고 비용은 거의 들지 않았다. 교육 분야 스타트업의 경우 과대한 마케팅 비용 지출로 자본잠식 상태에 이르기도 한다는 점을 고려해 봤을 때, 이 방법은 비용 절감뿐만 아니라 사업의 리스크까지 줄일 수 있는 비법인 셈이다.

목적은 오직 트래픽의 확보

트래픽이 모인다는 것은 사람들이 내 채널에 방문한다는 의미다. 트래픽이 늘었다면 마케팅이 이루어졌다고 해석할 수 있다. 따라서 우리는 적극적으로 구독자와 팔로워를 모으는 일에 집중해야 한다.

트래픽을 모으기 위해 개설한 채널은 철저한 비즈니스 도구다. 마음을 털어놓는 일기장, 자아를 실현하는 매체, 공감을 위한 창구 같은 것이 아니다. 어디 있는지 모를 잠재 고객을 모여들게 하는 것이 채널의 역할이다. 우리는 오직 트래픽 확보에만 치중한 마케팅 전략을 사용할 것이다.

특별한 호재나 이슈 없이 트래픽을 모으는 방법은 검색이 잘되는 소재를 찾아서 콘텐츠를 제작하는 것이다. 나는 영어 학원 사업을 하기 전에 영어 스터디를 했다. 2010년 무렵 〈대전영어스터디클럽〉이라는 온라인 카페를 만들었는데, 당연하게도 포털 사이트에서 '대전영어스터디'라고 검색한 사람들이 주로 카페에 가입했다. 지금은 운영하지 않지만, 많을 때는 3,000명이 넘는 회원이 있었다. 사업을 시작하면서 이렇게 모인 카페 회원에게 영어 학원의 존재를 알렸다. 당시 대부분의 학원은 강사의 출신 학교, 유학 경력 등을 내세우며 홍보했다. 하지만 결과적으로는 좋은 학교를 나오지도 않았고 유학 경험도 없던 내가 대전에서 가장 많은 수강생을 유치하게 됐다. 별다른 비용을 들이지 않고 검색 키워드 하나로 만들어 낸 성과였다.

이처럼 검색 사용자가 늘어나면 트래픽이 발생한다. 그러므로 우리가 치중해야 할 것은 많은 사람이 관심 있어 하는 소재를 찾아서 콘텐츠를 만드는 일이다. 나는 블로그를 키울 때 키워드 포스팅을 통해 최대한 많은 사람이 내 글을 볼 수 있게 유도했다. 그다음 내 포스팅을 스크랩해서 공유하는 조건으로 블로그에 관한 전자책을 무료로 배포했다. 유튜브에서는 앱테크 정보라든지 복지 정보 등을 알려 주며 구독자를 모았다. 이를 통해 많은 사람이 노마드크리스라는 존재를 알게 됐다. 이것이 마케팅의 핵심이다.

비즈니스를 하려면 그 무엇보다 먼저 사람을 모아야 한다. 아무리 브랜딩을 해도 트래픽이 없으면 소용없다. 사람들의 호감을 얻는 방법은 일단 사람이 모인 후에 생각해 볼 일이다. 브랜딩보다 마케팅이 먼저라는 것은 이런 의미다.

터지는 콘텐츠로
잠재 고객을 확보하라

트래픽 발생을 위해서는 이른바 '터지는 콘텐츠'를 만들어야 한다. 터지는 콘텐츠란 조회 수가 잘 나오는 콘텐츠를 말한다. 이런 콘텐츠를 만드는 가장 쉬운 방법은 검색과 벤치마킹이다.

나도 처음부터 조회 수가 잘 나오는 콘텐츠를 만들었던 것은 아니다. 어떤 콘텐츠가 터질 만한 것인지 몰라서 영어 학원 운영 노하우, 식단 일지, 취미 기록, 협찬을 노리고 쓴 치킨 리뷰 같은 것들을 우후죽순으로 올렸다. 하지만 누구도 관심이 없었다. 더 정확히 말하자면 내 글을 보는 사람이 거의 없었기 때문에 사람들의 관심을 끌 만한 소재인지 아닌지도 알 수 없었다.

앞서 채널을 시작할 때 좋아하거나 잘하는 것을 주제로 선정할 수도 있다고 이야기했다. 이것은 채널을 운영하는 보편적인 방법이다. 그러나 우리는 일반적인 채널이 아니라, 수익화의 도구로 사용할 채널이 필요하다. 따라서 관심사 같은 건 제쳐 두고 오직 트래픽을 발생할 수 있는 콘텐츠에 몰두해야 한다.

나는 블로그 트래픽을 만들기 위해 키워드 포스팅을 했다. 검색량이 한 달에 1,000건 이상인 키워드를 뽑아서 글을 썼다. 그랬더니 방문자가 훌쩍 늘어나고 매일 이웃 추가 신청이 들어왔다. 내 글을 읽는 사람이 많아진 것이다. 사람들은 '영어 학원 창업 컨설팅'보다 '맥박 정상 범위' 같은 소재에 관심이 있었다.

유튜브에서는 블로그를 키웠던 노하우를 콘텐츠로 만들었다. 수익화에 성공했던 아이템이었으니 괜찮지 않을까 싶었다. 그런데 기대와 다르게 관심이 매우 저조했다. 가만 보니까 잘나가는 블로그 강사들도 유튜브 트래픽은 많지 않았다. 블로그와 관련된 이야기는 유튜브에서 인기 있는 소재가 아니었다.

엔터테인먼트, 취미, 브이로그, 전문가 채널 등을 제외하고 유튜브에서 조회 수가 높은 소재가 무엇인지 검색했다. 주로 부업 정보,

업무 시간 외에 돈 버는 방법, 재택으로 돈 버는 방법 등이 조회 수가 잘 나왔다. 그래서 앱테크 하는 방법을 영상으로 만들었다. 앱테크에 관한 지식이 있었던 것은 아니다. 단지 조회 수가 좋은 콘텐츠를 벤치마킹한 것이다. 그랬더니 유튜브에도 트래픽이 모이기 시작했다. 구독자가 늘어나고 내 콘텐츠를 보는 사람들이 많아지니 자연스럽게 상품 홍보가 가능한 조건이 마련되었다.

터지는 콘텐츠 소재를 못 찾겠다면, 다른 사람이 만든 콘텐츠 중에서 조회 수 높은 것을 벤치마킹하면 된다. 이렇게 설명했는데도 여전히 어떤 콘텐츠를 만들어야 할지 모르겠다면, 내가 운영하는 〈노마드크리스TV〉를 보고 조회 수가 높았던 영상을 그대로 따라 만들어도 좋으니 부디 꼭 실천해 보기를 바란다.

콘텐츠 큐레이터가 되자

마케팅의 목적은 트래픽을 모으는 것이라고 했다. 그러기 위해서 우리는 터지는 콘텐츠를 만들어야 한다. 트래픽을 모으기 위한 콘텐츠는 수익을 얻기 위해 만드는 콘텐츠와는 확연히 다르다.

진입 장벽이 낮은 쉬운 소재로 만드는 것이 트래픽을 모으기 위한 콘텐츠다. 내용이 너무 어렵고 복잡하면 보편적 대중의 관심을 끌지 못한다. 마케팅은 무조건 신규 유입을 위한 작업이라는 것을 잊지 말아야 한다.

반면에 수익을 얻기 위해 만드는 콘텐츠에는 돈을 지불해도 아깝지 않을 만큼 유용한 지식이 담겨 있어야 한다. 당연히 어느 정도 전문적이고 구체적인 내용을 포함할 수밖에 없다. 아직 나의 존재를 잘 모르는 사람들에게 이런 콘텐츠를 제공하면 흥미가 생기지 않는다. 트래픽을 모으기에는 적절하지 않은 것이다.

꾸준히 콘텐츠를 올리면서 열심히 채널을 관리하는데도 트래픽을 모으지 못하는 이유는 간단하다. 대중의 흥미를 끌지 못하는 소재로 콘텐츠를 만들었기 때문이다. 조회 수가 잘 나오는 소재는 따로 있다. 복지 정보처럼 돈과 관련된 쉬운 이야기는 조회 수가 잘 나온다. 물론 브이로그도 잘 만들면 높은 조회 수를 얻을 수 있지만, 브이로그를 올리다가 세일즈를 시도하기란 쉽지 않다. 그러나 부업 얘기를 하다가 콘텐츠 상품을 판매하고 강의를 론칭하는 일은 자연스럽다.

나는 트래픽용 콘텐츠 만들기를 어려워하는 사람들에게 조회 수 높은 콘텐츠를 찾아서 벤치마킹하라는 말을 자주 한다. 예를 들어, 내 채널에서 조회 수가 높았던 앱테크 영상을 따라 해 볼 수 있다. 그런데 간혹 '콘텐츠를 따라 하라'는 말을 '콘텐츠에서 설명하는 내용을 따라 하라'는 것으로 오해하는 경우가 있다. 앱테크 영상을 보면서 어플을 깔고 직접 앱테크를 시도해 보는 것이다. 일 반적인 구독자라면 상관없지만, 온라인 비즈니스를 설계하는 사람이라면 아주 잘못된 실천 방법이다. 이때 따라 해야 할 것은 '앱 테크를 하는 방법'이 아니라 '앱테크를 소재로 영상을 만드는 것' 이다.

흔히 콘텐츠 생산자를 가리켜 크리에이터라고 부른다. '유튜브 크리에이터' 같은 표현을 많이 들어 봤을 것이다. 하지만 비즈니스 설계자는 크리에이터보다는 큐레이터curator의 마음가짐으로 콘텐 츠를 기획해야 한다. 온라인 비즈니스에서 콘텐츠를 제작할 때 필 요한 것은 창작 능력이 아니라 큐레이션curation 능력이다. 큐레이션 은 큐레이터에서 파생된 단어로, 온라인상에서 콘텐츠를 수집해서 분류하고 공유하는 작업을 말한다.

마케팅 단계에서는 트래픽을 만들어 낼 수 있는 콘텐츠를 큐레 이션 해야 한다. 트래픽 모으기에 성공한 콘텐츠를 수집해서 따라 가는 것이 핵심 전략이다. 그래야 온라인 비즈니스 시장에 나라는 존재가 있다는 것을 최대한 많은 사람에게 알릴 수 있다.

수익화 전략 2단계: 브랜딩

브랜딩은 믿게 만드는 것

수익화 전략 1단계인 마케팅을 잘 해내면 트래픽이 모이게 된다. 원하는 만큼 조회 수가 발생했다면 이제 수익으로 연결할 수 있는 설계를 해 나가야 한다. 어떤 전략으로 수익화를 설계하는지에 따라 트래픽이 많아도 돈을 못 버는 경우가 있는가 하면, 비슷한 트래픽을 모은 경쟁자 사이에서 두드러지게 큰 수익을 올리는 경우도 있다.

결국 우리의 최종 목적은 세일즈다. 그것을 위해 트래픽을 모아서 최대한 많은 잠재 고객을 확보한 것이다. 사람이 모였으니 이제 콘텐츠 상품을 팔면 되는 일이 아닌가 생각할 수도 있다. 하지만 수익화는 그렇게 간단하지 않다. 사람들이 나를 알게 되기는 했지만, 아직 돈을 지불할 만큼 우호적인 감정을 쌓은 것은 아니다. 그냥 궁금한 것을 검색하거나 알고리즘에 떠서 나를 알게 되었을 뿐이다. 이러한 사람들을 상대로 세일즈를 하기 위해서는 호감을 높이는 브랜딩의 과정을 거쳐야 한다.

브랜딩은 믿게 만드는 것이라고 했다. 신뢰하는 판매자와 그렇지 않은 판매자가 같은 상품을 판다면 당연히 신뢰하는 판매자의 상품을 선택하는 것이 사람의 심리다. 신뢰가 쌓이지 않은 상태에서는 아무리 상품의 장점을 설명해도 쉽게 구매로 이어지지 않는다.

비즈니스에서 브랜드 구축은 필수적이다. 우리는 똑같은 상품이어도 브랜드가 있는, 특히 우리가 익히 아는 브랜드의 제품을 더 선호한다. 브랜드가 신뢰를 더하고 상품의 가치를 뒷받침한다고 믿기 때문이다.

거창하게 기업을 창업하는 것이 아니라 소소하게 온라인 비즈니스를 시작하는 데도 브랜딩이 필요한지 의문을 품는 사람도 있을 것이다. 하지만 온라인 비즈니스에서도 브랜딩은 아주 중요하다. 무엇이든 고객을 모으고 수익화를 시도하려고 마음먹었다면 반드시 브랜딩을 해야 한다. 브랜딩이라고 해서 무슨 상표 같은 것을 만들라는 이야기가 아니다. 우리가 해야 하는 브랜딩은 소비자가 나와 내 상품을 신뢰할 수 있도록 긍정적인 이미지를 만들어 나가는 작업이다.

나는 블로그 이웃과 유튜브 구독자를 각각 1만 명 이상 모았을 때부터 포지셔닝positioning을 하고 브랜딩을 시도했다. 포지셔닝이란 소비자의 마음속에 어떤 사람으로 자리 잡을지 설정하는 것이다. 여기서 우리는 '온라인 비즈니스 창업자' 혹은 '지식 판매자'라는 포지셔닝을 해야 한다.

어떻게 포지셔닝을 할지 정했다면, 본격적인 브랜딩 작업을 시작한다. 브랜딩 또한 콘텐츠를 통해 이루어진다. 이때는 마케팅을 위해 만들었던 것과는 다른 콘텐츠를 제작해야 한다. 지식 판매자로 포지셔닝을 했기 때문에 그에 걸맞은 콘텐츠를 제공해야 하는 것이다. 단순히 조회 수를 늘리기 위해 만들었던 가벼운 콘텐츠가 아니라, 유용한 지식이 담긴 콘텐츠를 만들어야 한다.

브랜딩용 콘텐츠를 만들 때 가장 좋은 소재는 마케팅 노하우를 알려 주는 것이다. 앞서 터지는 콘텐츠를 제작해서 트래픽을 늘렸던 경험을 정리해 칼럼을 쓰거나 전자책으로 만들어 무료로 배포할 수 있다. 혹은 관심을 보이는 잠재 고객을 모아서 강의를 진행할 수도 있다.

마케팅에서는 긍정적이든 부정적이든 관심을 끄는 것 자체가 중요했다면, 브랜딩에서는 최대한 긍정적인 관심을 유발해야 한다. 노이즈 마케팅이라는 말은 있지만 노이즈 브랜딩이라는 말은 들어 본 적이 없을 것이다. 브랜딩에서는 단순히 나를 알게 하는 것을 넘어 '어떻게 기억될 것인가'를 고민해야 한다. 그래서 종종 인상적인 나만의 스토리는 아주 훌륭한 무기가 될 수 있다.

브랜딩은 평판을 만들어 나가는 일이다. 온라인 비즈니스를 하려면 유용한 지식을 알려 주려고 노력하는 사람이라는 이미지를 심어 주는 것이 중요하다. 그렇게 잠재 고객에게 동기를 부여해서 세일즈로 나아가기 위한 브랜딩 작업을 해야 한다.

퍼스널 브랜딩보다 중요한 퀵 브랜딩

퍼스널 브랜딩personal branding이라는 말을 들어 봤을 것이다. 퍼스널 브랜딩은 말 그대로 자기 자신을 브랜드화하는 것이다. 다양한 플랫폼이 생겨나고 콘텐츠 크리에이터, SNS 인플루언서 등이 새로운 직업군으로 등장하면서 소비자였던 이들이 창작자이자 사업가로 활동하고 있다. 그러면서 덩달아 퍼스널 브랜딩이라는 개념이 여기저기서 언급되기 시작했다.

퍼스널 브랜딩을 강의하는 강사들은 콘텐츠를 꾸준히 발행해서 팬을 모으라고 이야기한다. 얼핏 우리가 설계하는 브랜딩 방법과 크게 다르지 않아 보인다. 그런데 퍼스널 브랜딩은 수익 추구보다는 이미지 구축과 자아실현에 더 초점을 맞추는 경향이 있다. 퍼스널 브랜딩 수업에 참여해 보면 수익화를 목적으로 브랜딩을 구축하는 것은 바람직하지 않다는 얘기를 종종 듣는다. 상업성만 추구하는 브랜딩은 장기적일 수 없으므로 더 뜻깊은 가치를 추구해야 한다는 것이다.

하지만 나는 생각이 좀 다르다. 브랜딩은 결국 수익 추구의 길로 나아가야 한다. 그렇지 않으면 대체 브랜딩의 의미가 어디에 있을까?

몇 년 전에 나는 빠른 브랜딩으로 블로그를 키우고 2개월 만에 1,000만 원을 벌었다. 수익이 나지 않았다면 블로그를 키우는 일도 결국 그만뒀을지 모른다. 오히려 브랜딩이 수익으로 이어지지 않을 때 장기적으로 지속할 이유가 사라질 수 있다는 것이 내 생각이다. 브랜딩 구축을 단순히 자아실현을 위한 도구로 쓰는 데 그쳐서는 안 된다. 수익화를 할 수 없다면 브랜딩의 의미마저 퇴색한다.

계속해서 칼럼을 쓰고 영상을 만들면서 블로그와 유튜브를 키우는 일은 결국 돈이 되어야 지속할 수 있다. '금융 치료'라는 말이 있지 않은가? 회사에 다니기 싫지만 계속 다니는 이유도 마찬가지다. 돈이 되면 하기 싫은 일도 의무적으로 하는 것이 사람이다. 반면에 하고 싶은 일도 보상이 따르지 않으면 언젠가는 슬럼프를 겪거나 중단하게 된다.

개인 채널을 통해 하고 싶었던 이야기를 하면서 스트레스를 풀고 카타르시스를 느끼게 되면 유의미한 취미를 하나 얻은 것 같은 뿌듯한 마음이 들기도 한다. 그런데 나중에는 구독자도 늘지 않고 수익도 없어서 그만두는 경우를 아주 많이 봤다. 그럴 바에는 브랜딩으로 돈을 번 다음 하고 싶은 걸 마음껏 하는 편이 낫다.

천천히 자신을 브랜딩한 다음 차차 무언가를 도모하고 싶다면 퍼스널 브랜딩을 따라가도 좋다. 하지만 수익화가 목표라면 빠르게 브랜드를 구축하고 상품을 기획해서 판매하는 것이 좋다. 그리고 이 책을 선택한 여러분은 후자의 방향성을 추구하는 사람들이라고 생각한다. 우리에게 브랜딩의 목표는 오직 수익화뿐이다. 다른 어떤 가치도 브랜딩의 절대적인 이유가 될 수 없다.

그래서 나는 퍼스널 브랜딩이 아닌 퀵 브랜딩quick branding의 방법을 소개하려고 한다. 퀵 브랜딩은 말 그대로 빠르게 브랜딩을 해서 사람들의 신뢰를 얻고 돈을 버는 방법이다. 요약하자면, 스토리를 만들어서 짧은 시간 안에 권위를 형성한 다음 팬을 생성해서 바로 수익화를 하는 것이다.

퀵 브랜딩의 방법

① 후광효과를 노려라

영어 학원을 운영했을 때의 이야기를 다시 해 보겠다. 한번은 상담 전화가 왔는데, 이런 질문을 받았다.

"선생님은 어디 학교 나오셨어요?"

앞서 이야기했듯이 나는 그렇게 대단한 학벌을 갖춘 사람이 아니다. 나는 공주대를 나왔는데, 공주대는 충남 공주시 소재의 국립대학교다. 타지방에서는 잘 모를 수도 있지만 대전을 비롯한 충청남도 사람들에게는 사범대학으로 유명하다. 규모가 커져 종합대학으로 승격된 역사는 오래되지 않았다.

"공주대를 나왔습니다."

이러면 사람들은 공주대를 나오고 학원을 운영하니 사범대를 나왔겠구나 착각한다. 일종의 오해인데, 직접적으로 교육학과를 나온 거냐고 묻지 않았기 때문에 애써 사범대는 아니라고 설명하기도 애매한 경우다. 이 착각은 '후광효과'를 만들어 낸다.

고객에게 좋은 인상을 주는 후광효과를 만들어 내는 것이 퀵 브랜딩의 첫 번째 단계다. 후광효과라고 해서 대단한 경력이나 무용담이 있어야 하는 것은 아니다. 자신이 해 왔던 일을 찬찬히 돌아보고 그중 후광효과를 만들 만한 것을 찾으면 된다. 예를 들어, 나는 온라인 스터디 카페에 1년 동안 쓴 훈련 일지를 남겨 두었다. 이렇게 꾸준히 공부한 흔적도 모아 두면 나만의 스토리가 되고, 성실함의 증거가 된다.

블로그를 하고 유튜브를 할 때도 10년간의 영어 학원 운영 경험을 후광효과로 자주 언급했다. 그런데 솔직히 말해서 영어 학원을 운영한 일은 블로그나 유튜브 운영과는 아무런 관련이 없다. 어떤 일을 꾸준하게 진행하거나 제법 성과를 냈던 경험이 상관없는 분야에서도 후광효과를 만들어 낼 수 있는 것이다.

TV에서 흔하게 볼 수 있는 아파트 광고나 은행 광고를 떠올려 보자. 대부분 호감도가 높고 신뢰감이 드는 연예인이 광고 모델이다. 하지만 정작 그들은 아파트나 은행과는 전혀 상관없는 사람들이다. 연예인의 좋은 이미지를 통해 후광효과를 노린 것이다. 이미 신뢰가 형성된 사람이 이야기하면 그의 전문 분야가 아니더라도 믿음이 간다. 그래서 나는 영어 학원을 운영했던 이야기를 블로그에 담아내며 후광효과를 만들었다.

그렇다고 해서 꼭 특정 분야의 경력이 오래되었거나 사업적으로 뛰어난 성과를 거두었던 경험만 후광효과를 만들어 낼 수 있는 것은 아니다. 나는 종종 스스로 '아이 아빠'라는 사실을 강조한다. 아이를 키우는 아버지라는 이미지는 은연중에 성실한 생활인의 프레임을 만들어 준다. 또한 사람들은 의외로 약점도 사랑한다. 동질감을 느끼고 희망을 발견하기 때문이다. 그래서 "게으른 편입니다" "일을 좀 많이 미루는 경향이 있습니다" 혹은 앞서 밝힌 것처럼 "빚도 있습니다" 같은, 나의 결점을 드러내는 것을 부끄럽게 생각하지 않는다.

지극히 개인적인 경험, 사회생활 경력, 가정사부터 성격까지 그어떤 것도 다 스토리가 될 수 있다. 지나치게 사소해서 중요하게 여기지 않았던 것이나 단점으로 생각했던 것이 오히려 공감을 일으키는 일도 많다. 일단 무엇이든 이야기를 풀어 나가는 것이 중요하다. 그러한 것들이 모이면 브랜딩을 위한 아주 강력한 무기가 된다. 그게 바로 후광효과다.

② 권위를 세워라

후광효과로 신뢰를 얻었다면 이제 '권위'를 세울 차례다. 권위라고 해서 거창한 것은 아니다. 여기에서 권위는 신뢰를 뒷받침하는 증거 같은 것이다.

앞서 이야기했듯이 영어 강사를 평가할 때는 학벌을 특히 중요하게 여긴다. 하지만 나는 학벌이 좋지 않았기에 다른 내세울 거리가 필요했다. 이때 권위를 세우기 위한 퀵 브랜딩 도구로 단기 테솔을 이용했다. 테솔은 일종의 영어 자격증이라고 보면 된다. 영어 실력을 증명할 수 있는 다양한 자격시험이 있는데, 그중에서 테솔은 영어가 모국어가 아닌 사람들에게 영어를 가르치는 국제영어교사 양성을 위한 교육 과정이다. 영어 강사의 권위를 세워 주기에 적절한 자격증인 셈이다.

그런데 사실 단기 테솔은 누구나 취득할 수 있다. 영어를 잘 못하더라도 말이다. 단기 테솔로 검색하면 학원들이 나온다. 그중에 적당해 보이는 학원을 선택해서 한 달간 온라인 코스로 단기 테솔을 수강하고 과제를 제출하면 서티피켓certificate(증명서)을 준다. 증명서에는 글로벌 칼리지Global College라고 찍혀 있다. 그러면 이제 '캐나다 글로벌 칼리지 테솔 과정 수료'라는 스펙이 생기는 것이다. 이미 학원생 수와 경력으로 강사의 자격은 증명되었지만, 종종 학벌을 묻는 수강생을 위해 이러한 증명서를 추가로 취득했다.

나는 이렇게 부족한 스펙을 보완하는 것으로 권위를 만들어서 수강생을 늘렸다. 혼자 강의하면서 한 달에 600만~700만 원의 돈을 벌었고, 그 후에는 혼자하기 버거워 강사들을 고용했다. 5년간 200만 원도 못 벌던 내가 결국 한 달에 1,000만~2,000만 원 매출을 올리는 학원으로 키운 것이다.

강사 중에는 대학원까지 졸업한 경우가 흔한데, 대학 졸업 후에 석사나 박사 학위까지 받으려면 몇 년의 시간을 더 보내야 한다. 하지만 나는 1년이라는 짧은 시간 동안 후광효과가 될 만한 것들을 모으고 스펙을 쌓아서 권위를 만든 것이다.

그렇다면 블로그의 세계에서는 어떤 사람에게 권위가 있을까? 블로그를 시작했을 때 나는 1,000만 원을 버는 것이 목표였다. 그래서 블로그로 1,000만 원을 버는 사람을 찾았다. 다양한 블로거를 살펴보고 수익화 방법을 들여다보니까 블로그로 큰돈을 버는 사람은 대부분 블로그 강사였다. 나도 블로그 강사를 해야겠다고 마음먹었다. 이때부터 블로그 강사로서 권위를 세우기 위한 퀵 브랜딩을 시작했다. 키워드 포스팅으로 방문자 수를 늘리면서 빠르게 블로그 성장에 몰두한 것도 그 때문이었다.

이어서 유튜브 세계에서는 또 어떤 사람이 권위가 있다고 여겨지는지 살펴봤다. 유튜브를 통해 경제적 자유를 꿈꾸는 사람들이 많았기에 일단은 월 1,000만 원을 벌 수 있는 방법을 알려 주는 것으로 채널을 운영하기 시작했다. 영어 학원을 운영하면서도 월 1,000만 원을 벌어 봤고, 블로그를 운영하면서도 1,000만 원을 벌어 본 경험이 있었기에 그걸로 우선 후광효과를 만들고 영상을 제작했다.

일반적으로 사회에서 권위를 세우는 방법으로는 경력이나 학위, 자격증 등이 있다. 그리고 온라인 비즈니스 세계에서는 트래픽이 권위를 세우는 데 크게 작용한다. 그래서 어떻게든 빨리 구독자를 모아야겠다는 생각으로 앱테크 영상을 만들었다.

수영장에서는 접영을 얼마나 멋있게 하는지, 어떤 수영복을 입는지 등에 따라 권위가 생긴다. 정말 그럴까 의아하게 생각할 수도 있다. 하지만 놀랍게도 사실이다. 튀지 않기 위해 몸을 최대한 가리는 검정색 수영복을 입으면 무시당하기 십상이다. 그런데 쇼트 사각 수영복을 입고 가면 킥 판을 잡고 발차기를 하고 있어도 '저 사람 오늘은 다리 운동하는 날이구나' 하고 생각한다. 소위 '있어 보이는' 수영복을 입으면 저절로 이런 권위가 만들어진다.

사람들이 누군가에게 권위를 느끼게 되는 요소는 아주 단순하고 사소할 때가 많다. 각자 선택한 세계관 속에서 그것이 무엇인지 빠르게 알아채야 한다.

③ 호혜성의 법칙 적용

후광효과를 만들고 권위를 세워서 신뢰를 견고하게 했다면, 이제 모여든 사람들에게 혜택을 제공해야 하는 단계다. 혜택을 제공받은 사람들은 나에게 호감을 쌓게 된다.

이것을 '호혜성互惠性의 법칙'이라고 부른다. 서로 혜택을 주고받는 것이다. 내가 무료로 도움이 될 만한 무언가를 제공하면, 받은 상대는 '고맙다'는 감정을 느낀다. 이 감정이 좀 더 발전하면 언젠가 고마움을 갚고 싶다는 마음으로 나아간다. 호혜성의 법칙을 적용하라는 것은 이러한 감정이 생길 수 있게 자극하라는 뜻이다.

예를 들어, 내가 구독자 늘리는 방법에 관한 강의를 무료로 제공한다고 해 보자. 사람의 마음에는 대가 없는 선의를 받으면 되 갚고 싶은 본능이 내재되어 있다. '받기만 하면 미안한데' 하는 마음이 있기 때문에 언젠가 그 선의에 보답하려고 한다. 그래서 강의 후기를 남기거나 유료 콘텐츠를 판매할 때 댓글을 남기는 것이다.

블로그 이웃이나 유튜브 구독자에게 도움이 되는 칼럼이나 영상을 만들어서 올려 두면 호혜성의 법칙이 작용할 것이다. 무료로 제공할 수 있는 상품이 있다면 아까워하지 말고 퍼 줘야 한다. 그렇게 고마움과 부채감을 남겨 두면, 어떤 방식으로든 선의가 되돌아온다.

온라인 비즈니스를 하다 보면 나와 비슷한 성장 단계를 거치고 있거나 비슷한 상품을 기획해서 판매하는 경쟁자를 만나게 된다. 이때도 방어적인 태도를 취하는 대신 친해지는 방법을 택하면 서로 주고받는 존재가 될 수 있다. 배우려는 자세로 상대에게 다가가고, 내가 알려 줄 수 있는 게 있다면 기꺼이 나누는 것이 좋다.

경쟁자라고 해서 서로 대적하는 관계에 있다고 생각할 필요는 없다. 경쟁자는 적이 아닌 동료다. 서로 상생 관계에 있다. 호혜성의 법칙이 통하는 관계라는 뜻이다. "알려 주셔서 감사해요. 그런데 이거 알고 계세요?" 하면서 노하우를 주고받는 사이가 될 수 있다.

비즈니스도 결국 사람이 하는 일이다. 선의를 내세우면 결국 호의로 돌아온다. 퀵 브랜딩은 호혜성의 법칙으로 완성된다.

■ 퀵 브랜딩 과정

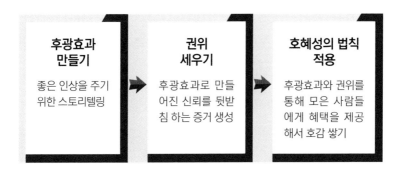

후광효과
만들기

좋은 인상을 주기
위한 스토리텔링

권위
세우기

후광효과로 만들
어진 신뢰를 뒷받
침 하는 증거 생성

호혜성의 법칙
적용

후광효과와 권위를
통해 모은 사람들
에게 혜택을 제공
해서 호감 쌓기

브랜딩 효과를 증폭하는 방법

퀵 브랜딩을 다른 말로 표현하자면 '빠른 팬덤 구축 방법'이라고 할 수 있다. 후광효과를 만들고 권위를 세운 다음 호혜성의 법칙으로 무언가를 제공하면 호감과 신뢰가 쌓인다. 그렇게 잠재 고객이 지속해서 나의 채널에 방문하면 점차 팬이 된다. 우리가 퀵 브랜딩을 통해 추구해야 하는 것은 다수의 찐팬을 형성하는 것이다.

나는 퀵 브랜딩으로 학원 사업을 빠르게 성장시켰다. 퀵 브랜딩은 블로그와 유튜브 채널을 키우는 과정에서도 매우 유용했다.

월 1,000만 원을 버는 블로그 강사를 목표로 퀵 브랜딩을 진행하고 난 후 강의 신청을 받았을 때, 신청자 대부분은 나에게 무료 전자책을 받은 사람들이었다. 그렇게 블로그를 시작한 지 2개월 만에 블로그 강의로 1,000만 원이 넘는 매출을 올렸다. 퀵 브랜딩이 있었기에 가능한 일이었다.

유튜브에서도 영어 학원을 운영했던 것과 블로그 강사로 수익을 올렸던 것을 후광효과 삼아 이야기를 풀어 나갔다. 마케팅 콘텐츠로 구독자가 모이면서 자연스럽게 권위도 생겨났다. 그다음에는 무료 특강도 진행하고 무료 전자책도 배포하면서 호감을 쌓았다. 그렇게 호혜성이 자극되면서 월 6,000만 원을 버는 일도 경험했다.

빠르게 구축한 브랜딩의 효과를 오래도록 유지하려면 '정당한 대가'를 중요하게 생각해야 한다. 비즈니스는 정당한 가치를 제공하고 그에 합당한 지불을 받는 것이다. 그러기 위해서는 품질 좋은 상품을 판매해야 하며, 고객의 마음을 들여다볼 수 있는 사람만이 품질 좋은 상품을 기획할 수 있다.

수익화를 위해 온라인 비즈니스에 뛰어들었다고 해도 돈에만 혈안이 되어서는 고객의 선택을 받을 수 없다. 돈을 버는 것이 주요한 목적이긴 하지만, 질 좋은 상품을 개발해서 정당한 대가를 받아야 한다는 뜻이다. 그렇다고 해서 정당한 대가를 받을 만한 콘텐츠 상품을 어렵게 생각할 필요는 없다. 내가 채널을 키우면서 무언가를 알게 되었으면, 그걸 가치 있게 여기는 사람들에게 나눠 준다는 생각으로 콘텐츠를 구성하면 된다. 즉 브랜딩 작업에 이르기까지 익혀 온 노하우를 전자책이나 강의로 만들어 볼 수 있는 것이다. 글쓰기 방법, 트래픽을 늘리는 방법, 콘텐츠를 만드는 방법 등 그 어떤 것이든 무형의 상품으로 제작하는 일이 가능하다.

브랜딩을 위한 서브 채널 개설

우리는 마케팅과 브랜딩의 과정을 거쳐 세일즈를 향해 열심히 달려가고 있다. 높은 성과를 내는 세일즈에는 마케팅도 필요하고 브랜딩도 필요하기 때문이다. 하지만 마케팅을 위한 콘텐츠와 브랜딩을 위한 콘텐츠에는 차이가 있다고 했다. 그렇다면 유튜브 채널에 어떤 날은 마케팅을 위한 콘텐츠를 올리고 어떤 날은 브랜딩을 위한 콘텐츠를 올리라는 말일까?

하나의 채널에 두 가지 목적의 콘텐츠를 모두 올릴 수도 있지만, 콘텐츠 주제가 지나치게 산만할 경우 간혹 채널의 방향성을 의심받거나 마케팅으로 유입된 구독자를 잃는 일이 생긴다. 마케팅을 위해 키워드 포스팅을 하고 앱테크 영상을 올리다가 갑자기 브랜딩을 하겠다고 온라인 비즈니스 관련 콘텐츠만 지속해서 올리면 애써 모은 트래픽을 잃을 수도 있는 것이다. 그렇다고 해서 마케팅과 브랜딩 중 하나의 노선만 선택해서 콘텐츠를 올리는 것은 현명한 선택이 아니다. 마케팅을 위한 콘텐츠만 만들다가는 수익으로 이어지기가 힘들고, 마케팅을 중단하고 브랜딩을 위한 콘텐츠만 만들다가는 새로운 잠재 고객을 모으지 못해 비즈니스가 정체될 수 있다.

따라서 마케팅용 콘텐츠를 계속 올리면서 조금씩 온라인 비즈니스 콘텐츠를 노출하는 전략을 써야 한다. 예를 들면, 부업 영상을 올리면서 후반부에 소소한 수익이 아니라 큰돈을 벌려면 지식 콘텐츠 판매를 해야 한다고 조금씩 운을 떼어 볼 수 있다. 혹은 나의 구독자 수와 조회 수 등에 관심을 보이는 잠재 고객을 대상으로 무료 콘텐츠를 제공할 수도 있다.

또한 멀티 채널multi channel을 운영하는 것도 하나의 방법이다. 마케팅을 위한 메인 채널main channel을 유지하면서 브랜딩을 위한 서브 채널sub channel을 개설하는 것이다. 잠재 고객이 어느 정도 확보되었다면 그들 중 상품 구매 가능성이 높은 사람을 따로 모을 수 있는 브랜딩 채널을 만드는 것이다. 이렇게 하면 좀 더 명확한 타깃을 대상으로 브랜딩을 시도할 수 있다.

수익화 전략 3단계: 세일즈

세일즈는 사게 만드는 것

앞서 마케팅에 몰두하고 브랜딩에 정성을 쏟은 이유는 모두 세일즈를 위해서였다. 마케팅과 브랜딩을 아무리 잘해도 세일즈로 이어지지 않으면 돈을 벌 수 없다. 많은 사람에게 존재를 알리고 신뢰를 쌓았다면 반드시 구매를 제안해야 수익화로 이어진다.

채널의 구독자가 늘어나는 것은 좋은 일이다. 소비자의 수가 늘어나는 것과 같기 때문이다. 하지만 트래픽이 늘어나는 것만으로는 수익이 생기지 않는다. 트래픽이 늘어나면 자연스럽게 광고가 붙어서 조회 수만으로 큰돈을 벌 수 있다고 생각하기 쉽다. 하지만 반드시 그렇지는 않다. 물론 구독자와 트래픽은 많을수록 좋지만 숫자가 높은 순서대로 수익화가 이루어지는 것은 아니다.

그래서 우리는 트래픽으로 모은 소비자에게 브랜딩을 해야 한다. 내가 어떤 사람이고 어떤 지식을 가지고 있는지 알리는 것이다. 냉담한 고객에게 열망을 심어 주는 것이 브랜딩의 역할이다. 단순히 검색 등을 통해 나를 알게 된 잠재 고객을 팬으로 만들어 가는 과정이기도 하다. 마케팅 단계에서보다 좀 더 열렬한 구독자를 확보하는 것이다.

결국 마케팅과 브랜딩은 돈을 벌 수 있는 기반을 마련하는 일이지, 수익과 바로 연결되는 전략이 아니다. 그렇기 때문에 이제 고민해야 한다. 과연 어떻게 잠재 고객의 지갑을 열게 만들 것인가?

먼저 유료 판매 상품이 있어야 한다. 이때 유료 상품은 브랜딩 과정에서 만들어 나가기 시작했던 지식 콘텐츠가 기반이 된다. 마케팅과 브랜딩 과정에서 사용했던 모든 방법이 지식 콘텐츠 상품이 될 수 있다. 그다음에 몇 가지 세일즈 기술을 접목하면 여러분 누구나 온라인 비즈니스 판매자가 될 수 있다.

어떤 분야든 비즈니스를 성공시키기 위해서는 세일즈가 필수다. 사람을 모으고 인지도를 높이기만 해서는 돈이 되지 않는다. 돈을 벌려면 세일즈를 해야 하며, 우리는 반드시 그 기술을 익혀야 한다.

10년 이상 영어 강의를 했으니 블로그 강의도 어렵지 않고 유튜브 영상도 쉽게 찍을 수 있지 않냐고 묻는 사람들이 있다. 그렇게 남들보다 쉽게 블로그와 유튜브를 키웠다고 생각한다. 하지만 나는 영어 강사 시절에도 일타 강사는 아니었다. 대단한 능력이 있어서 강사 생활을 하고 학원을 운영했던 것이 아니라는 이야기다. 나에게 만약 어떤 능력 같은 게 있다면, 그건 누구나 터득할 수 있는 것이다. 바로 세일즈의 기본을 비즈니스에 접목했던 것이다.

일이 잘 안되던 시기에 나는 인터넷 가입 센터에서도 일해 보고, 휴대폰을 팔아 보기도 했다. 보험 회사에서도 일해 봤다. 그러면서 세일즈의 기본 중 기본을 배웠다.

세일즈를 잘하는 사람은 무엇이든 판매할 수 있다. 영어 강사는 이직을 해도 대부분 다른 학원 강사 혹은 영어와 관련된 일을 하지만, 영업을 하는 사람은 정수기 판매 회사에 들어갔다가 카드회사에도 들어가고 휴대폰도 판매하는 등 업종을 바꿀 수 있는 가능성이 열려 있다.

탁월한 세일즈 능력이 있는 영업자는 무엇이든 팔 수 있고 어디에서든 일할 수 있다. 그래서 우리는 세일즈의 기술을 익혀야 한다. 비즈니스는 결국 무언가를 파는 일이기 때문이다.

어떤 비즈니스든 세일즈 기술을 알고 있는 사람과 그렇지 않은 사람은 분명 차이가 있다. 간단한 세일즈의 기술 몇 가지로 우리는 비슷비슷한 아이템을 지닌 경쟁자 사이에서 훨씬 더 안정적인 수익을 얻게 될 것이다.

수익률을 높이는 기간 한정 혜택

유료 상품을 제안할 때의 꿀팁 중 하나는 '희소성의 법칙'을 적용하는 것이다. 사람들은 흔치 않은 기회나 얻기 힘든 것 등에 더 가치를 느낀다. 판매 상품의 수량이 적거나 한정된 기간에만 할인가로 구입할 수 있는 경우 조급함을 느끼며 구매욕이 상승한다. 그러므로 희소성의 법칙을 세일즈에 적절히 적용하면 수익률을 높일 수 있다.

모든 상품이 그렇겠지만 판매 기간이 길어질수록 구매율은 떨어진다. 따라서 론칭 초기에 판매율을 최대한 끌어올리기 위해 노력해야 한다. 신상품은 판매 개시가 시작될 때 가장 큰 관심을 받는다. 그렇기 때문에 기업은 판매 직전까지 마케팅에 총력을 기울인다. 특히 온라인 비즈니스 상품은 일상생활에 꼭 필요한 생활필수품이 아니기 때문에 판매 개시 때의 관심을 최대한 구매로 유도해야 한다. 판매할 상품이 준비되었다면 희소성의 법칙을 고려해서 선착순 혹은 기간 한정으로 파격적인 할인 가격을 제시하거나 서

비스 상품을 추가로 증정하는 혜택 등을 기획해 보는 것이다.

우리는 종종 플랫폼에 올라오는 판매 광고에서 '기간 한정 할인' '얼리버드 특가'라는 문구를 목격한다. 기간 한정과 특가라는 말에 호기심을 느끼고 광고 게시물을 클릭하면 '1차 얼리버드' '2차 얼리버드' 같은 말이 나오면서 당장 상품을 구매해야 할 것 같은 조급함을 느끼게 한다. 이때 다급하게 구매하는 사람이 있는가 하면 고민 끝에 구매하지 않는 사람도 있을 것이다.

그런데 며칠 뒤에 다시 판매 페이지에 들어가 보면 여전히 할인 판매를 진행하고 있는 모습을 마주한다. 특가라더니 그때도 30만 원이었는데 지금도 30만 원이고, 한 달 뒤에 봐도 30만 원이다. 이건 가짜 얼리버드 상품이다. 이렇게 특가인 척하는 마케팅이 유행하다 보니 기간 한정이라는 말을 잘 믿지 않는 사람들도 많다.

따라서 우리는 진짜 기간 한정으로 혜택을 주어야 한다. 구매자의 머릿속에 '지금 사야 가장 이득'이라는 생각을 심어 주는 것이다. 기간 한정 할인 혜택이 흔한 기회가 아니라는 것을 인식한 소비자는 새로운 상품 판매가 열렸을 때 구매를 유보하려던 생각을 바꾸고 조기에 상품을 결제하기도 한다.

물론 특별한 경우에는 한두 차례 할인 이벤트를 다시 할 수도 있다. 하지만 기간 한정 할인가로 상시 판매를 한다거나 아주 빠른 시일 안에 다시 할인 판매 이벤트를 하는 것은 바람직하지 않다. 혜택에 대한 희소성이 사라지는 동시에 브랜드 가치까지 떨어뜨리는 행동이기 때문이다.

한편, 가치가 매우 높은 초고가 상품이라면 아예 1년에 한두 번으로 기간을 한정해서 판매하는 것도 하나의 방법이다. 이 경우 판매 기간이 되면 폭발적인 구매율이 발생한다. 하지만 상품의 가치가 증명되고 효과가 보장되었을 때만 가능한 일이기에 그만큼 콘텐츠 생산자의 능력과 자신감이 뒷받침되어야 하는 세일즈 방법이기도 하다.

나는 한 번의 콘텐츠 판매로 6,000만 원의 매출을 올린 적이 있는데, 당시 유료 콘텐츠를 기획한 다음 일정 기간을 두고 판매를 진행했다. 기간에 희소성을 두고 한정 판매를 한 것이다.

이렇게 희소성을 부여하는 것은 세일즈 효과를 극대화하기 위해서인데, 이 희소성을 무료 콘텐츠에 적용하면 브랜딩 효과를 불러오기도 한다. 인원을 제한해서 선착순으로 무료 특강을 열겠다고 공지하면 잠재 고객 중 일부는 관심을 갖고 지속해서 내 채널에 방문하게 되는 식이다.

우리는 혜택과 기간 등을 다양하게 한정해서 판매 전략을 짤 수 있다. 기간 한정 혜택은 고객에게는 기회를 잡아서 이득을 봤다는 희열을 제공하고, 판매자에게는 안정적인 초기 판매율을 보장해 주는 세일즈 기법이다.

구매율을 높이는 양자택일 효과

나에겐 딸이 하나 있다. 그런데 우리 딸이 과자가 없을 때 과자를 달라고 하는 일이 있다. 그럴 때 이렇게 이야기한다.

"지금은 과자가 없어. 대신 빵 줄까?"

그럼 우리 딸은 이렇게 반응한다.

"싫어, 과자 먹을래."

이럴 때는 어떻게 대처해야 할까?

"과자 말고 빵 먹을까? 우유 먹을까?"

그러면 과자는 금방 잊어버리고 이렇게 말한다.

"둘 다 줘!"

어떻게 제안하는지에 따라 반응이 달라지는 것이다. 이것이 바로 '양자택일兩者擇一 효과'다.

잠재 고객에게 무언가를 제안할 때 하나만 제시하는 것은 선택 확률을 낮추는 일이다. 예를 들어, 어떤 강의 콘텐츠를 하나 만들었다고 해 보자. 이때 고객에게 '강의만 사는 것'과 '강의와 일대일 컨설팅을 함께 사는 것' 두 가지를 제안할 수 있다. 즉 하나의 콘텐츠를 가지고 선택 가능한 두 가지 판매 옵션을 제시하는 것이다.

그러면 고객은 살지 안 살지를 고민하기에 앞서 둘 중 어떤 옵션이 좋은지 고민하기 시작한다.

사람들은 양자택일을 은근히 즐긴다. 흔히 하는 밸런스 게임만 해도 그렇다. 짜장면 대 짬뽕, 탕수육 먹을 때 부먹 대 찍먹, 민초 대 반민초 등등 취향에 관해서도 끊임없이 선택하는 것을 즐긴다. 양자택일 문제가 주어지면 무의식적으로 '둘 중 더 합리적인 선택은…' '둘 중 내 취향은…' 이런 생각을 하면서 선택을 가정해 본다.

그런데 만약 선택할 수 있는 상품이 하나뿐이라면 어떨까? 이럴 경우 더 쉽게 선택하는 것이 아니라 은연중에 '산다'와 '사지 않는다'는 옵션을 설정해 두고 고민한다. 이때 양자택일 효과를 적용하면 '살까, 안 살까'의 고민에서 'A를 살까, B를 살까'의 고민으로 바꿔 준다. '살까, 안 살까'는 그다음 문제다.

사람들은 양자택일 문제가 주어지면 둘 중 어떤 쪽이 좋을지 일단 고민한다. 그래서 최소한 두 개, 많으면 세 개 정도의 결제 옵션을 설정해 두는 것이 좋다. 옵션을 세 개 정도 제시하고 싶다면 '골디락스Goldilocks 효과'를 참고해 볼 수 있다.

골디락스라는 말은 영국의 동화 『골디락스와 곰 세 마리』의 주인공 이름에서 유래했다. 금발머리 소녀 골디락스는 곰이 끓인 세 가지 수프(뜨거운 수프, 차가운 수프, 적당한 온도의 수프) 중에서 적당한 온도의 수프를 선택한다. 그래서 흔히 과하지도 부족하지도 않은 적절한 조건이 갖춰졌을 때를 뜻하는 개념으로 쓰인다.

마케팅 분야에서 골디락스 효과는 상품 판매를 유도하기 위해 주력으로 팔고자 하는 상품 옆에 그보다 저가의 상품과 고가의 상품을 함께 배치하는 것을 말한다. 세 개의 옵션을 앞에 둔 잠재 고객은 고민 끝에 대부분 중간 가격의 상품을 선택한다. 그것이 가장 합리적인 선택으로 여겨지기 때문이다.

하지만 세 개 이상의 옵션을 제시하는 것은 추천하지 않는다. 다양한 선택지를 주겠다고 몇십 개의 옵션을 제공하면 무엇을 살까 고민하는 게 아니라 '너무 많아서 머리 아파. 안 살래'라는 마음이 생기게 된다. 두 개 혹은 세 개 정도의 선택지가 적당하다.

비공개 랜딩 페이지 구축

상품이 준비되면 판매를 위한 랜딩 페이지landing page를 만든다. 랜딩 페이지는 인터넷상에서 특정한 링크 버튼을 눌렀을 때 연결되는 페이지를 말한다. 광고를 클릭했을 때 연결되는 페이지 혹은 무료 콘텐츠를 제공하기 위해 접속해야 하는 페이지라고 생각하면 된다.

랜딩 페이지를 만들어 본 적이 없다면 다른 판매자의 랜딩 페이지를 참고해 보는 것이 좋다. 포털 사이트에서 무료 특강을 검색하면 랜딩 페이지가 어떤 형식으로 되어 있는지 바로 알 수 있다. 이 밖에 와디즈 등의 펀딩 사이트에서 상품 홍보 페이지를 참고하는 것도 큰 도움이 된다.

여기서 중요한 것은 랜딩 페이지를 '비공개'로 설정해 두는 것이다. 그렇다고 해서 랜딩 페이지 링크를 절대 공개하면 안 된다는 의미는 아니다. 하지만 상품 판매 페이지를 블로그에도 올리고 유튜브에도 올리고, 어디서나 발견할 수 있게 전시하듯이 올려 둔다고 홍보가 되지는 않는다. '이 사람은 맨날 판매만 하고 있네'라는 생각이 들게 하면 장사꾼 같은 인상만 남길 뿐이다. 그래서 비공개를 권유하는 것이다.

그렇다면 비공개 페이지를 어떻게 알고 찾아와서 상품을 구입할 수 있을까? 마케팅을 통해 유입된 잠재 고객 중 브랜딩으로 팬이 된 사람들에게는 직접 랜딩 페이지 링크를 공유하면 된다. 그 밖에 불특정 다수의 고객을 추가로 포섭하기 위해 유료 광고를 집행하는 것도 좋은 방법이다.

그런데 유료 광고로 홍보할 때 바로 랜딩 페이지로 접속할 수 있게 하는 것은 좋지 않다. 광고를 본 사람들은 아직 아무런 호감도 열망도 없는데 바로 구매 안내 페이지를 보여 줘 봤자 선뜻 결제하지 않는다. 광고를 하라는 것은 유료 상품을 직접 홍보하라는 얘기가 아니다. 무료 전자책을 배포한다는 내용의 유료 광고를 진행하라는 뜻이다.

TV나 잡지 광고처럼 큰 비용이 드는 광고를 집행하는 것이 아니라 유튜브, 인스타그램, 페이스북 같은 플랫폼에서 유료 광고로 불특정한 다수에게 랜딩 페이지를 노출하면 된다. 예를 들면, 온라인으로 수익을 만들 수 있는 노하우를 알려 주는 스페셜 강의를 무료로 진행한다는 내용의 짧은 광고를 만드는 것이다. 광고는 해당 플랫폼에서 진행되는 다른 광고들을 벤치마킹하는 것으로 충분히 만들 수 있다.

상품 판매를 위해 광고를 진행하는 것이지만, 직접적으로 광고하는 내용은 무료 전자책 혹은 무료 강의다. 그럼 이 광고를 본 사람들은 '뭔가를 무료로 알려 주네'라고 인식하면서 호기심을 갖게 된다. 무료 광고로 잠재 고객을 유인하는 것이다. 이렇게 하면 다짜고짜 유료 상품을 제시하는 것보다 판매율이 훨씬 높아진다.

이때 무료 콘텐츠를 제공하는 기간이 중요하다. 최소 사흘 정도가 좋다. 광고를 처음 본 사람이 덜컥 나의 콘텐츠에 관심을 갖기는 어렵다. 한번 들어와 보고 인상에 남았다면 다시 또 확인해 볼 수 있게 사흘쯤 시간을 주는 것이다. 마치 낯선 사람을 처음 만났을 때처럼 안면을 익히고 성격을 파악할 수 있는 여유를 주는 것과 같다.

랜딩 페이지에서 바로 유료 가치를 제안하는 것이 아니라 무료 상품부터 경험할 수 있게 유도하는 것이 핵심이다. 무료 콘텐츠를 신청할지 여부는 이메일을 통해서 받으면 좋다. 그렇게 무료 콘텐츠를 신청한 사람들에게 미니 특강 혹은 소책자를 보내 준다. 이때 무료 콘텐츠는 한 번에 주는 것이 아니라 여러 번 걸쳐 나누어 제공하는 것이 효과적이다. 한 권의 소책자를 챕터별로 하루에 하나씩 제공하거나, 30분짜리 특강을 5~10분 정도로 잘라서 보내는 것이다. 보통 5개 정도로 나누어 제공하는 것이 좋은데, 그렇게 되면 5일 동안 점층적으로 브랜딩이 이루어진다.

하나의 콘텐츠를 여러 개로 나눈다고 해서 완결성 없는 콘텐츠를 무작정 보내서는 안 된다. 5개의 콘텐츠 모두 각각 '문제 제기 → 해결책 제시 → 새로운 제안' 순으로 완결성 있는 구성을 갖추어야 한다. 하루에 하나씩 발송하고 5일이 지나면, 어느 정도 호감을 쌓고 마음이 데워진 잠재 고객이 형성된다. 이때 유료 가치를 제안한다.

■ 랜딩 페이지를 통한 상품 판매 프로세스

판매용 유료 콘텐츠 상품 기획

상품 판매를 위한 랜딩 페이지 제작

마케팅 및 브랜딩, 유료 광고 등을 통해 잠재 고객을 랜딩 페이지로 유인

유입된 잠재 고객에게 무료 가치 제시

무료 가치를 신청한 잠재 고객에게 무료 콘텐츠 제공

무료 콘텐츠를 이용한 잠재 고객을 대상으로 유료 콘텐츠 제안

유료 콘텐츠를 제안하는 과정에서 앞서 이야기한 '기간 한정 할인' 쿠폰을 제공하면 관심은 있지만 아직 마음을 결정하지 못한 잠재 고객의 결심을 바꿀 수 있는 계기가 될 수도 있다. 예를 들어, 무료로 제공하는 마지막 콘텐츠에 '지금부터 24시간 동안만 정가 20만 원의 상품을 9만 9,000원에 판매합니다'라고 희소성을 부여하면 살 가능성이 높아지는 것이다. 이때 시간을 24시간으로 한정하는 이유는 비교적 저가로 판매하는 상품의 경우 빠른 결정을

유도해야 하기 때문이다. 고가 상품은 구매 결정까지 심사숙고의 시간을 거치지만, 저가 상품은 경제적·심리적 부담이 덜하기 때문에 빠른 구매 결정이 가능하다. 그런데 여유롭게 시간을 한정해 두면 그 사이 잠재 고객은 또 다른 상품에 눈이 갈 수 있다. 그래서 24시간이라는 짧은 시간 안에 구매를 결정할 수 있게 제한을 두는 것이다.

콘텐츠 상품의 가격 책정에 관해 많은 사람이 질문한다. 이때 나는 '고객 감동'을 우선시하라고 이야기한다. 말로만 20만 원의 상품이라고 할 것이 아니라 실제 그 상품에 20만 원을 훨씬 웃도는 가치를 담아야 한다. 그러면 고객은 잘 샀다고 평가한다. '오버 딜리버리over delivery'라는 표현이 있다. 과도한 공급을 의미한다. 20만 원이 아깝지 않게 가치를 가득 담고, 그것을 파격적으로 할인하는 이벤트까지 덧붙이면 소비자는 단순한 고객이 아닌 팬슈머가 된다.

성공적인 수익화를 위한
무료 콘텐츠 기획법

무료 콘텐츠는 마케팅, 브랜딩, 세일즈를 위한 가장 강력한 무기다. 무료 콘텐츠를 미끼로 트래픽을 발생시키는 마케팅을 할 수도 있고, 트래픽으로 모인 잠재 고객에게 무료 콘텐츠를 제공해서 긍정적인 이미지를 심어 주는 브랜딩을 할 수도 있다. 그런데 만약 무료 콘텐츠를 제공하는 목적이 세일즈라면, 우리는 좀 더 계획적으로 콘텐츠를 기획해야 한다.

지식 콘텐츠 상품은 고객에게 양질의 정보를 제공하고, 그것으로 삶을 바꿀 수 있는 기술을 습득하게 돕는다. 즉 잠재 고객의 변화를 이끌어 내는 것이 목표다. 마케팅과 브랜딩을 위해 제공되는 무료 콘텐츠에도 이러한 목표를 담아낼 수 있다. 하지만 세일즈를 목적으로 제공되는 무료 콘텐츠에서는 변화를 이끌어 내는 것이 아니라 유료 콘텐츠 구입을 유도하는 것이 목표가 되어야 한다.

고객의 변화를 돕겠다고 한꺼번에 너무 많은 노하우를 알려 주면 유료 전환이 이루어지지 않는 일이 발생하기도 한다. 호감을 쌓아서 브랜딩 효과는 있지만, 세일즈는 안 되는 것이다. 실제로 나는 한 달 가까이 유튜브 무료 강의를 한 적이 있다. 이때 유료 강의 구매를 제안했는데 다수가 "저는 무료 강의만으로도 충분한 것 같습니다. 그간 감사했습니다"라고 말했다. 이처럼 무료 강의에서 너무 많은 것을 알려 주면 구매 전환이 일어나지 않는 역효과가 생긴다.

그렇다면 세일즈를 위한 무료 콘텐츠는 어떻게 설계해야 할까? 가장 중요한 점은 유료 상품이 필요한 이유를 명확하게 설명하고, 구매 시 어떤 효과가 있는지 상상할 수 있게 해 줘야 한다는 것이다.

여러분이 '인스타그램으로 수익화하는 방법'을 강의로 기획한다고 해 보자. 유료와 무료 중 무엇으로 설계하는 것이 좋을까? 내가 보기엔 유료 콘텐츠로 만드는 것이 더 좋다. 이때 강의 내용에는 카드뉴스 만드는 방법, 릴스 만드는 방법, 벤치마킹하는 방법, 소재를 찾는 방법, 광고 협찬을 잘 받을 수 있는 브랜딩 노하우 등이 포함될 수 있다. 그런데 이 모든 것을 무료로 알려 준다면 어떨까? 만약 이것들을 모두 무료로 알려 준다면 유료 상품을 제안했을 때 구매 전환을 할 확률이 높지 않을 것이다. 이미 많은 것을 알았기 때문에 당장 더 새로운 지식이 필요하다고 느끼지 못한다.

그렇다면 이 중 한 가지만 무료로 알려 준다면 어떨까? 카드뉴스 만드는 방법을 무료 특강으로 상세하게 알려 주는 것이다. 화면을 보면서 직접 따라 할 수 있게 강의를 구성했더니 잠재 고객의 만족도도 높은 듯하다. 그런데 이번에도 유료 상품을 구매하는 사람은 많지 않았다. 왜 그랬을까? 카드뉴스 만드는 방법을 구체적으로 배운 사람들은 이렇게 생각한다. '화면을 보면서 따라 하니 쉽게 할 수 있을 것 같다. 내일부터 만들어 봐야겠어. 그런데 유료 강의를 구매하라고? 아직 오늘 배운 걸 완벽하게 익히지 못했으니까 일단 카드뉴스를 나 혼자 몇 번 만들어 본 다음에 생각해 봐야겠다.'

잠재 고객이 우리의 예상대로 행동할 거라는 생각은 위험하다. 특히 지금처럼 무료 강의가 넘쳐 나는 시대에는 더욱 그렇다.

세일즈로 이어지는 무료 콘텐츠는 이렇게 설계해야 한다. 먼저 제목에서 '인스타그램'이라고 특정 플랫폼을 언급하기보다는 '수익화'라는 단어만 사용해 보자. 단어가 구체적일수록 잠재 고객의 수는 줄어든다. 많은 의미를 포괄하는 상위어일수록 더 많은 잠재 고객에게 닿을 수 있다. 여기서는 '온라인 수익화'라는 표현이 '인스타그램 수익화'보다 더 많은 의미를 포괄하는 상위 단어가 된다. 또한 '수익화'보다는 '돈'이 더 상위 단어다. 하지만 '돈 버는 방법'이라고 제목을 짓는다고 해서 잠재 고객이 더 늘어나지는 않는다. 많은 의미를 포괄하는 것은 좋지만, 한계가 느껴지지 않을 정도로 포괄적인 것은 흥미를 유발하지 못한다. 돈 버는 방법이 재테크를 의미하는지 경제 관련 지식을 말하는 것인지 불명확해 보이기 때문이다. 나는 종종 '집에서 돈 벌기'라는 제목을 사용하는데, 많은 의미를 포괄하는 '돈 벌기' 앞에 '집에서'를 붙여 적당한 한계를 설정해 둔 것이다.

'인스타그램으로 수익화하는 방법'은 아주 구체적인 제목이다. 하지만 더 많은 잠재 고객 확보를 위해서 '온라인 수익화 비법 공개 특강'이라는 제목을 사용해 보자. 여기에 내가 원하는 고객 집단을 한정하는 단어를 추가해 볼 수도 있다. 예를 들어, 타깃으로 삼은 고객의 연령이나 성별, 직업 등을 고려해서 단어를 추가하는 것이다. 그렇게 해서 '30대 직장인을 위한 퇴근 후 온라인 수익화 비법 공개 특강'이라고 제목을 붙인다면, 인스타그램을 사용하지 않아도 온라인 수익화에 관심이 있는 30대 직장인들을 모을 수 있다. 타깃이 되는 잠재 고객을 늘리는 것이다.

이때 무료 특강의 최종 목표는 결국 '인스타그램으로 수익화하는 방법'이라는 유료 강의를 세일즈하는 것이다. 따라서 잠재 고객에게 인스타그램이라는 플랫폼이 필요한 이유와 그것을 이용해서 수익화를 이룰 수 있다는 믿음을 심어 주는 것으로 특강을 설계해야 한다. 이러한 조건을 전제로 자세한 타임라인과 함께 90분짜리 특강을 설계해 보겠다.

 00:00 ~ 20:00 강사 소개 및 기획 의도와 기대 효과 언급

초반에는 강사가 누구이며, 강의를 기획한 의도가 무엇인지 설명한다. 그리고 이 특강을 통해서 어떤 변화를 일으킬 수 있는지 이야기한다. 온라인 강의에서는 사람들이 중간에 이탈하는 일이 많다. 또한 장소의 제약을 받지 않다 보니 이동하면서 시청하거나 집에서 편히 누워 시청하는 등 집중력이 흐트러질 가능성이 높다. 이때 집중력을 높이기 위해서는 강의를 끝까지 들었을 때의 효과를 명확하게 말해 주어야 한다.

20:00 ~ 40:00 공감과 문제 제기

특강을 시청하는 잠재 고객의 고민에 공감하고 문제점을 짚어 줄 차례다. 월급 소득만으로는 빠듯한 시대가 되었음을 이야기하면서 재테크 고민에 공감하고, 나의 실제 경험도 이야기한다. 문제점을 짚을 때는 잠재 고객에게 잘못이 있는 것은 아니라는 사실을 전제로 두고, 모두 비슷한 고민을 하고 있다고 분위기를 유도한다. 사람들은 지적받는 것을 좋아하지 않는다. 그런데 간혹 수강생을 책망하는 강사가 있다. 나도 초기에는 "퇴근 후에 시간이 없다고 아무것도 하지 않는다고요? 다 핑계입니다"라고 하면서 지적한 적이 있다. 이보다는 "워낙 정보가 넘치다 보니 선택이 어려워 실행으로 옮기지 못했을 수 있습니다. 저도 그랬습니다"라고 공감하면서 문제를 풀어 간다. 공감은 잠재 고객과 판매자 사이에 신뢰와 친근감이 형성될 수 있게 돕는다. 이 것은 구매 제안 시에도 무시할 수 없는 요소로 작용한다. 그다음 문제 해결을 위해 많은 고민과 연구를 거듭했다고 이야기하고, 퇴근 후에도 집에서 돈을 벌었던 많은 사람의 공통점은 인스타그램 같은 플랫폼을 잘 운영했기 때문이라고 말한다.

◎ 40:00 ~ 70:00 **수익화 성공 사례 언급**

이때부터 인스타그램으로 수익화를 한 실제 사례를 이야기한다. 그리고 수익화 전략을 간단하게 정리해서 알려 준다. 여기서 중요한 점은 구체적인 전략을 다 말해 주는 것이 아니라 따라 해 보고 싶은 마음이 들게 동기를 부여하는 것이다. 그러면서 몇 가지 강력한 도구를 소개하는 것이 좋다. 이때도 일일이 화면을 통해 설명할 필요는 없다. 많은 것을 구체적으로 이야기할수록 잠재 고객의 구매 욕구는 오히려 감소한다. 예를 들어 "인스타그램 제목을 이런 식으로 구상했더니 조회 수가 올라갔습니다"라고 밝히면서 제목의 특성 정도만 이야기하는 것이다. 시선을 끌 수 있는 후킹hooking 단어 소개나 벤치마킹 방법 등은 유료 강의에서 이야기하는 것이 좋다. 유료 상품을 제안하는 무료 특강에서 중요한 것은 확실한 해결책을 제시하는 것이 아니라, 문제를 인식하게 하고 해결 방법이 있다는 사실을 믿게 만드는 것이다.

◎ 70:00 ~ 75:00 **유료 상품을 구매해야 하는 이유 제시**

문제를 인식하고 원인을 알게 된 잠재 고객에게는 인스타그램을 시작해야겠다는 열망이 생긴다. 이때 적절한 유료 상품을 제안해야 한다. 유료 상품은 희소가치를 부여했을 때 더 많은 구매로 이어진다. 예를 들어, 특강이 끝날 때까지만 할인을 한다거나 오늘 밤 12시까지만 판매한다는 희소성을 부여하는 것이다. 유료 상품을 소개할 때는 어떻게 결제할 수 있고, 결제 후에 어떤 안내가 이어지는지도 명확하게 설명해야 한다. 구매 여정이 간편할수록 구매율이 올라가기 때문이다.

◎ 75:00 ~ 90:00 **질문과 답변, 그리고 판매**

앞서 언급한 대로 특강을 잘 진행했다면, 잠재 고객의 질문은 주로 유료 강의에 관한 것으로 몰린다. 혹시 강의와 무관한 질문이 들어온다면 굳이 대답하지 않아도 된다. 인스타그램에 관한 이야기를 했는데 블로그에 관한 질문을 하면 답변하지 않아도 된다는 뜻이다. 간혹 질문이 별로 없을 수도 있는데, 그렇다고 해서 질문이 없냐고 묻기보다는 상품에 대한 설명을 지속하는 것이 좋다. 비슷해 보이는 다른 콘텐츠와의 차이점을 말하거나 특장점 등을 소개하면서 강의가 끝난 후에는 가격이 오를 수 있다는 점을 주지시키면 구매율은 더욱 올라간다.

이처럼 무료 특강을 설계하면 세일즈에 큰 도움이 된다. 모든 고객을 세일즈로 이끌지는 못하더라도 긍정적인 브랜딩 효과를 주기 때문에 추후에 구매가 이루어지거나 다른 잠재 고객에게 여러분을 소개해 주는 일이 생길 수도 있다. 열정을 가지고 도움을 주는 사람으로 인식되는 것이다.

혹시나 유료 상품 판매를 위해 무료 특강을 기획하는 일이 지나친 상술처럼 느껴질까 봐 고민할 필요는 없다. 우리는 아플 때 병원에 가면 진료를 보고 처방전을 받는다. 간혹 의사는 환자에게 손 한번 대지 않고 진료를 끝낼 때도 있다. 문답을 통해 환자의 상태를 파악하고 진단해서 처방하는 것이다. 환자에게 병의 원인을 알려 주고, 왜 그런 처방을 했는지 설명한다. 이때 진료비를 내지 않으면 처방전을 받을 수 없다. 그러면 약을 구매할 수도, 병을 치료할 수도 없다. 어떤 면에서 세일즈를 위한 무료 특강에서 우리가 해야 하는 일은 의사의 행동과도 엇비슷하다. 의사가 환자를 만나 진단하는 것처럼 잠재 고객의 문제를 파악하고 원인을 알려 준다. 무료 특강을 통해 유료로 판매하는 처방전이 필요하다고 생각하면 돈을 지불하고 구매할 수 있다.

그런데 간혹 무료 특강을 너무 자주 열면 유료 상품 판매율이 떨어지지 않을까 우려하는 이들도 있다. 하지만 무료 상품은 유료 상품과는 그 결이 조금 다르다. 유료 상품 판매가 자주 노출되면 돈

벌이에만 치중한 이미지를 심어 줄 수 있지만, 무료 상품이 자주 노출되면 오히려 부지런한 사람으로 보이거나 이타적으로 나누고 베푸는 사람으로 브랜딩 되는 효과가 생기기도 한다. 무료 특강을 자주 한다고 해서 여러분의 가치가 떨어지는 일은 절대 없다. 무료 특강을 통해 신뢰가 쌓이면 유료 상품의 판매율은 더욱 올라갈 것이다.

마케팅, 브랜딩, 세일즈 각각의 목적에 맞게 적절한 무료 상품을 꾸준히 설계해 보기를 바란다. 특히 비즈니스 초기에는 마케팅 효과를 극대화하기 위해 무료 특강을 자주 여는 것이 좋다. 우리는 TV에 자주 등장하며 활발하게 활동하는 연예인을 보면서 간혹 질린다는 표현을 하기도 하지만, 정작 그 연예인이 활동을 중단하면 인기가 식었다고 생각하거나 관심 속에서 아예 지워 버린다. 여러분이 설계한 상품에 이러쿵저러쿵 말이 많다면, 마케팅 효과가 적절하게 일어나서 그만큼 다양한 사람이 모여든 것이라고 발전적으로 생각하는 편이 좋다. 타당한 피드백이라면 더 좋은 상품을 기획하는 원동력이 되기도 하지만, 쉽게 내뱉는 감정적인 말 한마디 한마디에 크게 반응할 필요는 없다.

온라인 비즈니스 설계자가 되는
단계별 전략

성공적인 비즈니스 설계를 위한 단계별 전략을 다시 정리해 보겠다. 온라인에 어떤 기반도 없던 내가 플랫폼을 개설해서 나만의 무대를 만들고 수익화로 나아갔던 '마케팅 → 브랜딩 → 세일즈' 전략을 통해 이 책을 읽고 있는 여러분도 빠르게 수익화를 이루길 바란다.

① 콘텐츠 소비자에서 생산자로 전환하기

온라인에 아무것도 올린 적이 없고, 다른 사람의 콘텐츠를 이용만 하고 있다면 콘텐츠 소비자일 수밖에 없다. 부자가 되기 위해서는 쓰는 돈보다 버는 돈이 더 많은 생산자가 되어야 하듯, 온라인 수익화 세계에서도 다른 이들의 콘텐츠를 이용만 하는 사람은 돈을 벌 기회를 잡기 어렵다. 여러분이 유튜브나 넷플릭스를 켜 놓고 시간을 보낼 때마다, 그 시간은 고스란히 생산자의 수익화를 위해 소비된다.

돈벌이에 골몰하기보다는 콘텐츠 소비자로서의 삶을 즐기는 것이 더 행복하다면 상관없지만, 부자가 되고 싶은 열망이 크다면 반드시 콘텐츠 소비자의 삶에서 벗어나 생산자가 되어야 한다. 그렇다고 해서 콘텐츠 제작을 위해 비싼 노트북을 사고, 성능 좋은 카메라와 마이크를 구입하라는 이야기가 아니다. 지금 가지고 있는 스마트폰만으로도 얼마든지 블로그와 유튜브를 시작할 수 있다. 채널에 올릴 만한 것이 아무래도 생각이 안 난다면 이 책을 읽고 느낀 점을 블로그나 유튜브에 올리는 것으로 당장 시작해 볼 수도 있다.

내가 처음에 아무 말이나 끄적이며 습관을 만든 것처럼 여러분 또한 그렇게 해야 한다. 타인의 콘텐츠를 소비했던 시간을 나만의 콘텐츠를 만드는 시간으로 바꾸는 습관을 들여야 한다. 습관이 생기면 생산자의 삶을 지속할 수 있다. 하루 10분이면 충분하다. 이것을 21일에서 66일까지는 지속하도록 하자. 나는 이 하찮은 일을 절대 잊어버리지 않기 위해서 잠들기 전 10분을 투자했다. 여러분도 여러분만의 트리거를 설정해서 습관을 만들자.

② 트래픽 확보를 위한 마케팅하기

습관이 자리 잡혔다면 마케팅에 욕심을 내야 한다. 이때쯤 '왜 아무도 내 콘텐츠를 안 볼까?' 하는 생각이 든다. 사람들이 여러분의 콘텐츠를 보지 않는 이유는 간단하다. 아직 여러분이 사람들의 관심을 끌 수 있는 전략적 행동을 취하지 않았기 때문이다.

사람들의 관심을 끌 만한 콘텐츠 주제를 정하고 연구해야 한다. 나는 블로그에서 사람들이 많이 검색하는 키워드로 글을 썼다. 유튜브에서는 '집에서도 돈 버는 방법'을 검색하는 사람이 많다는 것을 발견했다. 당시 나는 집에서 돈 버는 방법을 잘 몰랐지만, 다른 생산자들의 콘텐츠를 보면서 공부했다. '내가 하고 싶은 것'보다는 '다른 사람들이 찾는' 콘텐츠를 제작해야 트래픽을 늘릴 수 있다.

처음부터 내가 어떤 사람인지 보여 주면서 브랜딩을 하기보다는 일단 남들이 원하는 콘텐츠를 제작하면서 트래픽을 모아야 한다. 그렇게 모은 트래픽이 곧 브랜딩 요소가 될 것이다. 많은 사람이 나의 채널을 구독하고 있다는 이유만으로 후광효과와 권위가 생성되기 때문이다. 또한 트래픽을 모았던 방법을 콘텐츠로 만들면 그것 자체가 수익화를 위한 상품이 될 수도 있다. 그러니 일단은 조회수가 높은 콘텐츠를 벤치마킹해서 트래픽을 늘릴 수 있는 콘텐츠를 제작해 보자.

③ 세일즈를 위한 브랜딩 시작

트래픽이 어느 정도 모였다면 수익화를 시도해야 한다. 하지만 사람이 모였다고 해서 내가 파는 상품을 바로 구매하지는 않는다.

그래서 잠재 고객이 여러분의 상품을 신뢰하게 만드는 작업이 필요하다.

마케팅을 위한 콘텐츠를 만들 때는 사람들이 많이 클릭할 만한 보편적 관심사를 최대한 쉽게 정리해서 알려 주는 방식으로 구성해야 한다. 하지만 브랜딩을 위한 콘텐츠를 만들 때는 칼럼 연재나 시리즈 영상으로 구성해야 한다.

내가 블로그 강의를 하겠다는 마음을 먹고 칼럼을 썼던 사례를 예로 들어 보겠다. 마케팅 콘텐츠에서는 '전국 대학교 순위' '맥박 정상 범위'처럼 오직 트래픽만 모으는 소재로 키워드 포스팅을 했다. 하지만 나는 입시 전문가도 의학 전문가도 아니기 때문에 이런 콘텐츠는 브랜딩에 도움이 되지 않는다.

반면에 브랜딩 콘텐츠에서는 '블로그 방문자 수를 늘리기 위한 포스팅 방법'처럼 전문적인 지식을 담아 칼럼을 써 나갔다. 이 칼럼을 읽는 독자는 나를 블로그 전문가로 인식하게 된다. 브랜딩이 되는 것이다.

유튜브에서도 마찬가지다. 앱테크처럼 누구나 검색해서 찾을 수 있는 단순한 정보를 정리해 알려 주는 콘텐츠는 트래픽을 모으기 위한 것이다. 하지만 '온라인 비즈니스를 시작하는 방법' 시리즈 영상이나 '유튜브 구독자 모으는 방법' 등의 영상은 관련 전문가로 인식하게 만드는 브랜딩을 위한 콘텐츠다.

여러분이 어떤 상품으로 수익화를 할지 생각한 다음, 그와 연관된 내용으로 브랜딩을 시도해 보자.

④ 수익화로 이어지는 세일즈

이제 브랜딩으로 나에게 호감을 쌓은 사람들을 대상으로 유료 상품을 팔아야 한다. 본격적인 지식 콘텐츠 판매자가 되는 것이다.

일단 유료 상품을 설계하기 전에 다른 판매자의 유료 콘텐츠를 직접 구매해서 분석하고 공부해 보는 것이 좋다. 스스로 유료 콘텐츠를 구매한 경험 없이 유료 상품을 기획하는 일은 쉽지 않다. 비즈니스에서 경쟁사의 기존 제품을 직접 사용해 보는 것은 필수적인 절차다. 나 역시 많은 콘텐츠를 구입해 봤다. 그중 좋은 것은 벤치마킹하고, 별로라고 생각한 것은 반면교사 삼아 여러분의 콘텐츠를 설계해 보기 바란다.

온라인 비즈니스에서는 상품을 판매했다고 해서 모든 세일즈가 마무리되는 것이 아니다. 구매자가 나의 콘텐츠 상품을 적극적으로 소비하고 긍정적인 변화를 이룰 수 있게 부추기고 확인해야 한다. 동영상 강의를 판매했다면 구매자들과 함께 챌린지를 하거나 커뮤니티를 운영해 완강률을 높이는 방법으로 강의로 효과를 본 사례를 점차 늘려 간다. 온라인 비즈니스 분야에서는 얼마나 많이 판매했는지보다 얼마나 네트워킹을 잘하느냐에 따라 사업의 성패가 갈리기도 한다. 최소한 한 달에 1회 이상은 온라인 화상 회의를 통해 지식 정보를 업데이트하고, 시간과 장소가 허락한다면 오프라인 모임도 추진하면서 구매자와 유대감을 형성하면 장기적인 비즈니스 운영이 가능하다.

⑤ 업셀링으로 충성 고객 만들기

내가 영어 학원을 운영할 때 가장 중요하게 생각한 것은 고객의 지속적인 수강 등록이었다. 학원생이 계속해서 수강을 연장하지 않으면 학원 운영을 유지할 수 없다. 온라인 지식 비즈니스 역시 마찬가지다. 유료 상품을 지속적으로 구입하는 고객이 없다면 사업을 유지하기 어렵다.

'고객 생애 가치'라는 말이 있다. 한 명의 소비자가 평생에 걸쳐 여러분에게 지출할 것으로 예상되는 돈을 따져 보는 개념이다. 어떤 소비자가 10만 원짜리 전자책 한 권을 구매하고 더 이상 여러분의 콘텐츠를 소비하지 않는다면, 그 고객의 고객 생애 가치는 10만 원이 된다. 그런데 10만 원짜리 전자책을 구매한 다음 100만 원짜리 코칭권도 구매하고, 200만 원짜리 스터디에도 참여한다면 고객 생애 가치는 점점 커진다. 따라서 유용한 상품을 다양하게 만들어서 고객 생애 가치를 높여야 한다.

그런데 여러 가지 상품을 만들기 벅차다고 느끼는 판매자들이 있다. 그런 생각이 든다면 여러분이 초콜릿 공장을 운영한다고 가정해 보자. 초콜릿만 만들어 판매한다면 당연히 소비자도 초콜릿만 구매해야 한다. 하지만 초콜릿뿐만 아니라 초콜릿이 들어간 과자를 여러 종류 생산해 낸다면 어떨까? 반은 초콜릿 반은 쿠키인 상품, 비스킷 사이에 초콜릿이 들어간 상품, 스틱 과자에 초콜릿을 묻힌 상품 등등 여러 가지 선택 가능한 제품을 출시하는 것이다. 재료는 비슷하지만 기획과 구성을 달리했더니 다양한 상품이 만들어졌다.

이처럼 원 소스 멀티 유즈one source multi use 전략을 활용할 수 있다. 잘 다듬어 놓은 하나의 콘텐츠를 다양한 형태로 응용하는 것이다. 같은 소스로 전자책도 만들고, 일대일 코칭도 진행하고, 스터디 형식으로 운영하거나 강연으로 판매할 수도 있다. 실제 비즈니스를 해 보면 알겠지만, 전자책을 판매하고 나서 이를 바탕으로 일대일 코칭을 진행하면 수강자의 질문 덕분에 더 많은 아이디어가 생겨난다.

기존 구매자에게 또 다른 상품을 권해서 구매에 이르게 하는 일을 '업셀링up-selling'이라고 한다. 그리고 업셀링을 하기에 가장 좋은 타이밍은 상품의 구매 직후, 혹은 소비자가 구매한 전자책을 다 읽었거나 동영상 강의를 모두 시청한 이후다. 여러분의 콘텐츠에 몰입하면서 더 많은 지식을 얻고 싶다는 열망이 생겼을 시기이기 때문이다. 전자책이나 강의에서 이해하지 못한 것을 직접 물어 보고 싶은 마음이 생기는 것도 이 시점이다. 이때 새로운 상품을 제안하면서 업셀링을 시도하면 성공 확률이 높다. 이렇게 충성 고객을 늘려 가면서 안정적이고 지속적인 비즈니스를 운영해 보자.

CHAPTER 4

고수익을 위한
설계 업그레이드

플랫폼을 벗어난
안정적인 고수익 설계

유튜브가 망하면 어떻게 될까?

나에게는 약 20만 명의 유튜브 구독자와 1만 1,000여 명의 블로그 이웃이 있다. 그런데 만약 오늘 당장 유튜브가, 혹은 네이버 블로그가 플랫폼 운영을 중단한다면 어떻게 될까? 많은 인플루언서와 온라인 크리에이터들은 크게 당황할 것이다. 새로운 플랫폼으로 옮기면 되겠지만, 그러는 동안 이탈하는 구독자가 생길 것이고 새 플랫폼에 적응하는 과정도 필요하다. 생각만으로도 아득한 느낌이 드는 일이다.

온라인 비즈니스를 지속해서 운영하려는 사람이라면 플랫폼에 지나치게 의존해서는 안 된다. 유튜브가 망해도, 블로그가 없어지고 인스타그램이 사라져도 계속해서 비즈니스를 운영할 수 있는 시스템을 설계해야 한다.

바로 '이메일 마케팅 시스템'이다. 이 시스템을 구축해 놓으면 팔로워나 구독자가 많지 않아도 지속해서 콘텐츠를 판매할 수 있다. 채널을 키우지 않아도, 카페나 단톡방에 가입되어 있지 않아도 고객에게 새로운 제안을 할 수 있다. 이메일 수집은 그만큼 강력한 무기다.

온라인 비즈니스를 통해 신체적·경제적 자유를 누리고 싶다면 소소한 수익에 만족해서는 안 된다. 어떤 상황이 닥쳐도 안정적으로 고수익을 올릴 수 있는 시스템을 설계해야 한다. 그리고 고수익을 목표로 하고 있는 우리가 주목해야 할 것은 유튜브 구독자 수도, 블로그 이웃의 수도, 인스타그램 팔로워 수도 아니다. 가장 중요한 것은 '이메일 주소의 개수'다. 이제부터 우리는 다양한 방법을 동원해서 유효한 이메일 주소를 수집해야 한다.

이메일 주소를 제대로 활용할 수만 있다면 안정적인 고수익의 기반을 마련할 수 있다. 예를 들어, 여러분이 1만 개의 이메일 주소를 수집했다고 해 보자. 그 주소를 잘 운영하면 매달 1,000만 원의 매출을 보장할 수 있는 시스템이 완성된다. 100개의 주소가 있다면 10만 원, 1,000개의 주소가 있다면 100만 원, 1만 개의 주소가 있다면 1,000만 원이다. 물론 이보다 더 벌 수도 있다. 내가 예측해 본 평균 수익이 이 정도라고 말하는 것이다.

채널을 키우고 소통하는 일도 결국엔 이메일 수집을 목적으로 진행해야 한다. 이메일로 소통할 수 있게 되면 소비자를 모으는 일은 아주 쉬워진다.

사람을 충분히 모을 수 있을 만큼 이메일을 수집해 두었다면 지금 당장 유튜브, 블로그, 인스타그램이 사라져도 치명적인 영향을 받지 않는다. 이메일은 결코 망하지 않는다. 내 채널의 구독자나 팔로워 수에 집착하기보다는 유효한 이메일을 얼마나 수집할 수 있는지를 더 중요하게 생각해야 한다. 나는 현재 1만 개가 넘는 유효한 이메일 주소를 보유하고 있다. 그래서 이제는 운영해 오던 블로그나 유튜브 플랫폼이 망해도 큰 타격을 받지 않는 시스템이 구축되어 있다. 새로운 플랫폼을 개설하거나 새로운 제안을 할 때, 언제든 이메일을 보내면 될 일이기 때문이다.

고수익 설계는 이메일을 바탕으로

플랫폼이 없어도 안정적으로 고객 관리를 하면서 고수익을 낼 수 있는 구조를 만들기 위해서는 반드시 이메일을 수집해야 한다. 이메일 수집의 장점을 정리해 보면 다음과 같다.

① 안정적인 관리가 가능

'요즘 누가 이메일을 써? 다 카톡하지' 이렇게 생각할 수도 있다. 하지만 편리한 만큼 차단 또한 쉬운 게 카톡이고 문자다.

한동안 '주식 톡방 초대합니다'라는 스팸 문자가 굉장히 많이 왔다. 그래서 유튜브에는 주식 톡방 문자를 차단하는 방법을 알려 주는 영상들도 생겨났다. 그런데 방법이 무엇인지 살펴보면, URL 주소를 차단하는 것이다. 문자열에 'http'가 삽입되어 있으면 그냥 차단해 버린다. 이 말은 인터넷 주소가 포함된 문자는 전부 다 차단된다는 뜻이다. 주식 톡방의 주소를 알리는 문자는 더 이상 안 오겠지만, 업무상 주고받는 인터넷 주소라든가 지인이 보내 주는 링크까지 모두 차단되는 것이다.

이런 문제점이 있다 보니 마케팅에 활용하기에는 카톡이나 문자보다 이메일이 훨씬 안정적이다.

② 심리적 저항감이 덜해 수집에 용이

전화번호를 수집하는 일은 쉽지 않다. 나부터도 개인 정보 활용 동의를 요구하면서 전화번호를 달라고 하면 알려 주기 싫은 게 사실이다. 하지만 이메일 주소를 제공하는 일은 상대적으로 심리적 저항감이 덜하다. 전화번호 대신 이메일 주소라면, 써 줄 수도 있다는 마음이 든다.

내가 이메일 수집에 동의한 사람들의 메일을 모아서 무료 특강 링크를 보내 줄 때면 유튜브에 가장 많이 달리는 댓글이 "메일로 링크를 못 받았어요"라는 말이다. 그러면 나는 "프로모션 메일함을 한번 확인해 보세요" 혹은 "스팸 메일함을 한번 확인해 보세요" 하고 알린다. 이처럼 사람들은 정보를 받기 위해 기꺼이 이메일 주소를 제공하고, 관심이 클 경우에는 반드시 메일을 확인해 본다.

③ 채널 운영을 멈춰도 세일즈 가능

이메일로 소통하면 채널 운영이 잠시 지지부진해도 세일즈에는 영향을 미치지 않는다. 인스타그램, 블로그, 유튜브 같은 플랫폼은 어디까지나 '도구'에 불과하다. 우리는 이것을 이메일 수집을 위한 도구로 생각해야 한다. 팔로워 수, 이웃의 수, 구독자 수 같은 것은 어떤 수익도 보장하지 않는다.

휴지기에 들어가거나 슬럼프가 와서 유튜브 운영을 잠시 쉰다고 해 보자. 그러면 알고리즘은 더 이상 내 영상을 사람들에게 추천해 주지 않는다. 2022년 12월에 나는 유튜브 광고 수익으로 800만 원 정도를 벌었다. 그런데 2023년 1~3월 동안 피버팅pivoting을 하느라고 조금 어려운 주제의 이야기를 했더니 유튜브가 노출을 안 해 주기 시작했다. 그러면 조회 수가 점점 떨어지면서 광고 수익도 크게 하락한다.

하지만 나는 별 상관이 없었다. 내가 수집해서 가지고 있는 유효한 이메일 주소가 1만 개 이상이기 때문이었다. 무료 특강을 해도 일단 이메일을 통해 정보를 보낸다. 유튜브 채널은 마케팅과 브랜딩을 거들어 주는 보조 역할을 할 뿐이다.

운영하는 채널만 이용해서 홍보했다면 휴지기 이후 반응이 곤두박질친다. 무료 특강을 해도 사람이 많이 모이지 않을 것이다. 하지만 다양한 방법으로 수집해 둔 이메일 주소가 있다 보니 사람들을 모으는 일은 전혀 문제가 되지 않는다.

다수의 충성 고객을 일대일로 관리하는 데 이메일만큼 최적화된 도구가 없다. 따라서 우리는 앞으로 이메일로 수익화를 시도해야 한다. 플랫폼은 이메일 주소를 수집하기 위해 무료 가치를 제안하는 창구로 활용할 수 있다.

이메일을 바탕으로 한 고수익 설계 또한 앞서 이야기한 '마케팅 → 브랜딩 → 세일즈' 방법을 기본 토대로 한다. 일단 사람을 모으고 브랜딩을 위해 칼럼을 제공한 다음 무료 강의나 무료 전자책 등을 제안한다. 다만 이때 '이메일 수집'을 그 목적으로 해야 한다. 무료 전자책을 제공할 때도 이메일로 신청을 받고, 무료 강의 링크도 이메일로 보낸다. 마지막에 "무료 강의 링크도 이메일로 받아야 하니 꼭 확인해 주세요"라고만 덧붙여도 잠재 고객은 신경 써서 이메일을 확인할 것이다.

트래픽을 늘리는 작업을 할 때부터 이메일 수집을 고려하는 것도 좋다. 그런데 채널 구독자가 워낙 적어서 이메일 수집을 하기 위해 무료 콘텐츠를 제안할 집단조차 없다면, 유료 광고를 진행하는 것도 방법이다. 중요한 점은 어떤 마케팅을 진행하든 이메일 수집을 가장 중요한 목표로 설정해 두는 것이다.

이메일 주소를 모으는 방법

이메일 주소의 수집이 그렇게 중요하다면, 어떤 방법으로든 이메일 주소를 많이 확보하기만 하면 될까?

예를 들어, 누군가에게 이메일 주소 파일을 산다고 해 보자. 이렇게 직접 수집하지 않은 이메일 주소를 구해서 광고 메일을 보내면 과연 효과가 있을까? 일단 개인의 동의 없이 이메일 주소를 입수해서 광고 메일을 보내는 것은 불법이다. 그리고 법적인 문제가 발생하는 것은 둘째로 치더라도 이렇게 보내는 메일은 전혀 효과가 없다. 여러분이 모르는 사람에게 그런 메일을 받았다고 생각해 보면 쉽게 답이 나온다.

내가 누군지 당연히 알고, 어느 정도 나에게 호감을 가진 사람들에게 메일을 발송했을 때 긍정적인 기대를 할 수 있다. 불특정 다수의 사람에게 무작정 이메일을 보내는 것은 무의미한 작업이다. 반드시 칼럼 혹은 영상 등의 콘텐츠를 통해 나를 인지한 사람들의 이메일 주소를 수집해야 한다. 편법은 통하지 않는다. 채널의 트래픽을 모으고 브랜딩을 하면서 이메일을 수집하는 정석적인 방식을 지키는 것이 좋다.

그 밖에 네이버 뷰VIEW 검색에서 '무료 전자책' 혹은 '강의' 등의 키워드로 살펴보면 무료 콘텐츠를 배포하는 사람들을 찾을 수 있다. 이 사람들의 세일즈 퍼널sales funnel을 분석해 보면서 이메일 수집 방법을 익힐 수 있다.

마케팅 용어인 세일즈 퍼널은 일명 '판매 깔때기'라고도 한다. 여기서는 '판매가 이루어지는 유입 경로' 정도로 설명할 수 있을 듯하다. 소비자가 어떻게 유입되어서 상품을 구입하는지 확인하고 분석하는 것이다. 깔때기의 가장 윗부분이 상품을 인식하는 단계라면 가장 아랫부분은 구매를 결정하고 결제하는 단계다.

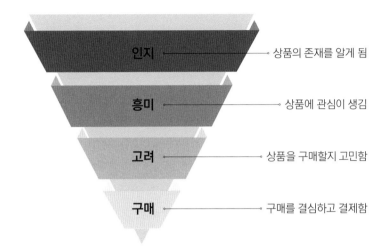

■ 세일즈 퍼널

인지	───	상품의 존재를 알게 됨
흥미	───	상품에 관심이 생김
고려	───	상품을 구매할지 고민함
구매	───	구매를 결심하고 결제함

　다른 판매자들이 어떤 콘텐츠를 만들어서 어떻게 판매하는지 분석하는 것은 큰 도움이 된다. 그렇게 판매 상품별로 세일즈 퍼널의 구조를 분석할 수 있다면, 나만의 세일즈 퍼널을 설계해 볼 수도 있다.

　이 과정에서 어떤 방식으로 콘텐츠 구매 신청을 받는지 살펴보면 이메일 수집을 어떻게 해야 하는지 감을 잡게 된다. 이때 5쪽 정도 분량의 짧은 소책자를 만들어서 무료로 배포한다고 홍보한 후 직접 이메일 주소를 수집해 보는 연습을 시작해 보자.

다음은 내가 무료 콘텐츠를 이용해 이메일을 수집하는 방법을 프로세스로 정리한 것이다.

무료 콘텐츠 기획	마케팅으로 유입된 사람들에게 무료 전자책 등의 자료를 배포하거나 무료 특강을 진행한다. 무료로 제공되는 콘텐츠를 통해 신뢰가 생기면 자연스럽게 브랜딩 효과가 나타난다. 혹은 무료 콘텐츠 배포를 미끼로 트래픽을 유도하는 마케팅을 진행할 수도 있다. 이 경우에는 아직 트래픽이 생성되지 않았기 때문에 유료 광고 등으로 무료 콘텐츠를 배포한다고 알리는 과정이 필요하다. 무료 콘텐츠의 제공은 마케팅과 브랜딩의 효과를 극대화해서 세일즈로 연결하는 가장 좋은 수단이다.
랜딩 페이지 제작	콘텐츠를 배포하거나 사람을 모집하려면 랜딩 페이지가 필요하다. 이때 랜딩 페이지에서 절대 빠지면 안 되는 것은 이메일 주소 수집에 관한 부분이다. 구글 폼이나 스티비 구독폼 등을 삽입해서 이메일 주소를 수집한다. '개인 정보 활용 동의' 문구를 넣어서 자료를 이메일로 받는 것에 동의하게 만드는 것도 빼놓지 말아야 한다. 이후 모든 콘텐츠는 이메일로 발송할 예정이니 정확한 이메일을 입력하라고 말해 두는 것이 좋다. 직접 신청해 놓고 메일을 열어 보지 않는 사람이 의외로 많기 때문이다.

랜딩 페이지가 준비되었다면, 최대한 많은 사람에게 무료 콘텐츠의 존재를 알려야 한다. 나는 유튜브, 블로그, 인스타그램 등의 플랫폼과 이전에 수집한 이메일 주소를 모두 활용한다.

인스타그램에는 카드뉴스나 포스터를 만들어 게시한다. 그리고 '게시물 홍보'로 유료 광고를 집행해서 이 콘텐츠에 관심 있을 만한 타깃에게 노출한다. 홍보 비용으로는 하루 2만~5만 원 정도의 가격을 설정한다. 이때 인스타그램 팔로워가 많다면 굳이 유료 홍보를 할 필요는 없다. 카드뉴스나 포스터 외에 1분가량의 영상을 만들어 홍보를 할 수도 있다. 광고를 만들어 본 경험이 없다면 다른 사람이 만든 괜찮은 광고를 벤치마킹하면 된다. 그래서 나는 인스타그램에 뜨는 광고 게시물을 그냥 넘기지 않고 유심히 살펴보는 편이다. 이러한 경험 또한 '홍보 방법'이라는 콘텐츠로 만들어질 수 있기 때문에 귀찮고 어렵게 느끼기보다는 '새로운 능력을 익혀서 콘텐츠 재료를 또 하나 얻는구나' 하는 마음으로 공부해 보면 좋다. 최근에는 매니챗을 활용해서 팔로우 및 댓글 유도를 하기도 한다. 이 시스템을 이용하면 팔로워가 댓글에 '무료 특강'이란 단어를 남기면 DM으로 무료 특강 링크를 자동 발송한다.

블로그에서는 포스팅을 한다. '스크랩 공유'를 조건으로 무료 콘텐츠를 나눠 준다고 하면 이웃뿐만 아니라 이웃의 이웃에게까지 홍보 글이 노출되는 효과가 있다. 이를 위해 구글 폼에 신청자가 스크랩한 글의 주소를 복사해 넣는 칸을 만들어서 허위 스크랩을 방지하는 것이 좋다. 이때 기간 한정으로 무료 배포를 하며, 앞으로 유료 전환 가능성이 있다고 이야기하면 희소성이 더해져 콘텐츠 가치가 상승하고 참여율과 홍보 효과도 더욱 커진다. 사업 초기에 광고 비용 없이 홍보할 수 있었던 데는 이 '스크랩 공유'의 역할이 컸다. 무료 전자책 나눔에 무려 5,000명이 신청했는데, 이때 수집한 주소가 많은 유료 콘텐츠 홍보의 귀중한 자산이 되었다. 랜딩 페이지 자체를 블로그 포스팅으로 할 수도 있다.

유튜브에서는 동영상과 커뮤니티 게시판을 활용한다. 이전에는 구독자 500명을 달성해야 유튜브 채널에 커뮤니티 게시판이 생성되었지만, 현재는 영상 1개만 올려도 생성된다. 여기에 글을 쓰고 랜딩 페이지 링크를 삽입한 다음 인스타그램에 올리기 위해 만든 카드뉴스를 추가해서 무료 콘텐츠의 존재를 알린다. 동영상은 2분 이내의 길이로 만들어서 유료 광고로 홍보하거나, 10분 내외로 내용을 구성해서 구독자들이 살펴볼 수 있게 만든다. 고정 댓글에는 랜딩 페이지 주소를 적어 두고, 영상 내에서 무료 콘텐츠를 홍보하면서 고정 댓글의 링크로 들어가서 신청하라는 말을 직접 이야기한다.

**무료
콘텐츠
신청자
모집**

무료 콘텐츠 신청자는 길게는 2주, 짧게는 3일 정도 모집한다. 길게 하면 많은 사람을 모집할 수 있지만 희소성이 떨어지고, 초기에 신청한 사람들은 신청 사실 자체를 잊을 수 있다. 짧게 하면 많은 사람을 모집하기는 어렵지만, 잠재 고객에게 빠르게 콘텐츠를 제공할 수 있다.

따라서 언제든 열어 볼 수 있는 전자책은 비교적 길게 배포하고, 한정 시간에 진행하는 라이브 특강은 짧게 자주 모집하는 것이 적절하다.

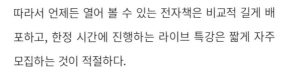

모집한 신청자에게 메일 발송

신청자가 모이면 신청 사실을 상기할 수 있도록 지속해서 메일을 보낸다. 특히 라이브 특강의 경우 나는 강의 당일까지 매일 메일을 발송한다.

'메일을 너무 자주 보내면 받는 사람이 짜증나지 않을까?'라고 생각할 수도 있다. 실제로 불만을 표출하는 고객도 있다. 하지만 욕을 안 먹기 위해서 적당하게 홍보할 필요는 없다. 유료 구매자를 한 사람이라도 더 늘리기 위해 끝까지 최선을 다해야 한다. 무료 콘텐츠를 나눠 주는데도 메일이 자주 온다고 짜증을 내는 사람이라면 고객이 되지 않는 게 차라리 낫다고 생각하자. '라이브 특강 날짜를 까먹을 뻔했는데, 이렇게 메일을 보내 줘서 다행이다'라고 생각하는 고객이 우리의 타깃이다.

이처럼 먼저 유용한 정보를 무료로 제공하고, 그에 감동한 사람들의 이메일 주소를 수집해야 나중에 유료 가치를 제안했을 때도 구매 전환율이 올라간다.

고수익 시스템의 프로세스

고수익을 위한 온라인 비즈니스 설계의 완성은 자동 수익화 시스템을 갖추는 것이다. 안정적인 잠재 고객이 확보되었다면 적게는 몇백, 많게는 몇천에서 몇만 통의 이메일을 발송해야 하는데, 자동화가 되어 있지 않으면 메일 발송 때마다 계속 신경을 써야 하기 때문이다.

■ 자동화 시스템 설계 절차

1단계: 퀵 브랜딩으로 팬 모으기

마케팅으로 모은 잠재 고객의 가치를 업그레이드해서 팬으로 만든다.

2단계: 잠재 고객의 이메일 주소 수집

무료 가치 제공 등으로 팬심이 생긴 잠재 고객의 이메일을 수집한다.

3단계: 세일즈 기술을 적용해서 유료 상품 판매

수집한 이메일을 활용해 유료 상품을 제안한다. 이때 이메일로 제안하고 답변하는 모든 과정을 '자동 이메일 시스템'으로 설정해 두면 온라인 비즈니스의 자동화가 가능하다.

온라인 비즈니스 초보라면 인지도가 쌓이지 않았기 때문에 이메일을 수집한 이후 이메일을 꼭 확인하라는 공지를 잘 전달해야 한다. 이 또한 자동 이메일 안에 문구로 삽입해 넣는 것이 좋다. "놓치지 말고 이메일을 확인해 주시기 바랍니다"라는 식으로 문구를 추가하는 것이다.

실제 유료 제안을 할 때는 판매 기간 동안 계속해서 이메일을 보낸다. 여기서 핵심은 다음 메일을 기다리게끔 기대감을 심어 주는 것이다.

그리고 가장 중요한 것은 이 모든 일을 '자동 이메일 시스템'으로 바꿔야 한다는 것이다. 예를 들어 자피어Zapier라는 프로그램이 있는데, 구글 폼에 신청이 들어오면 바로 답장이 보내지는 메일 시스템이다. 유료 구매 신청자가 소수라면 직접 메일로 회신을 보낼 수도 있지만, 고수익 설계에서는 수백에서 수천 통의 메일을 회신해야 하기 때문에 자동 이메일 시스템을 갖추는 것이 필수다.

다음은 내가 실제로 한 달에 6,000만 원을 벌었던 고수익 설계 프로세스를 간략하게 정리한 것이다.

블로그에 10개 이상의 칼럼 작성

칼럼은 통일된 내용으로 일관성 있게 작성

무료 특강 나눔 공지

칼럼을 보고 모인 사람들을 대상으로 무료 콘텐츠 제공

블로그 포스팅으로 무료 특강 신청 페이지 작성

신청 페이지는 메일을 수집하기 위한 일종의 정거장 역할

무료 특강 신청 페이지를 통해 구글 폼으로 신청 메일 받음

이때 신청자들에게 메일을 지속적으로 확인해 줄 것을 공지

신청받은 메일로 5개의 무료 특강 순차 발송

강의는 10분 이내의 길이로 4~5개가량 촬영하며, 모든 강의를 '문제 제기 → 해결책 제시 → 새로운 제안' 순으로 제작하여 다음 메일에 대한 기대감을 심어 줌

마지막 무료 특강 파일을 발송하면서 유료 상품 제안

모든 메일을 수신한 잠재 고객에게 유료 상품의 구매를 제안

실제로 이렇게 해서 충성도 높은 잠재 고객을 대상으로 월 6,000만 원의 매출을 올렸다. 이때 무료로 제공하는 콘텐츠는 영상이 아닌 소책자 같은 형태의 전자책으로 대체할 수도 있다. 하지만 얼굴이 보이는 영상 강의가 고객의 감정적 동화를 일으키기에 좀 더 유리하다.

한편, 다음 메일에 관한 기대감을 심어 주는 방법은 간단하다. 예를 들어, 첫 번째 영상 강의에서 블로그 글쓰기 방법을 알려 주었다고 해 보자.

> 오늘은 블로그 글쓰기 방법을 말씀드렸습니다. 이 강의를 통해 여러분은 30분 만에 블로그 글쓰기를 할 수 있게 되었습니다. 그런데 글쓰기만으로는 수익화가 어려울 거예요. 작성한 글을 많은 사람이 읽어야 하는데, 처음에는 내가 쓴 글을 끝까지 읽는 사람이 많지 않을 겁니다. 그래서 두 번째 강의에서는 사람들이 읽게 되는 콘텐츠 만드는 방법을 말씀드리겠습니다.

이렇게 두 번째 메일을 기다리게 만든다. 그리고 이어지는 강의에서는 다시 다음처럼 이야기를 풀어 간다.

첫 번째 강의를 통해서 빨리 글쓰는 방법을 터득했을 겁니다. 그런데 내가 쓴 글을 사람들이 읽게 만들려면 주제를 잘 정해야 합니다. 블로그에서 사람들이 읽는 글은 두 가지 중 하나입니다. 첫 번째는 검색으로 찾아와서 읽게 되는, 검색 노출이 잘되는 글입니다. 그리고 두 번째는 블로그 이웃이 찾아와서 읽게 되는, 이웃이 관심 있어 하는 소재의 글입니다. 그래서 검색 노출이 잘되는 글과 블로그 이웃이 관심 있어 하는 글을 알아야 합니다.

첫 번째 강의와 마찬가지로 문제 제기를 하고 해결책을 알려 준다. 그리고 다시 다음 메일을 기다리게 만들 수 있는 제안을 한다.

오늘의 강의를 정리해 보면 검색 노출을 위한 글은 키워드 포스팅을 하고, 이웃을 위한 글은 블로그 잘하는 방법을 이야기하는 겁니다. 이렇게 투 트랙으로 칼럼을 작성하면 많은 사람이 여러분의 글을 읽게 됩니다. 그런데 이것만으로는 수익화가 어려울 겁니다. 그래서 다음 강의에서는 수익화가 이루어지는 블로그 전자책 쓰는 방법에 관해 말씀드리겠습니다.

이러한 전개를 강의마다 반복하면서 다음 메일을 계속해서 기다리게 만드는 것이다. 이런 식으로 다섯 개의 메일을 받다 보면 어느새 스며들어 팬이 되는 사람들이 생긴다. 그때 최종적으로 메일을 통해 제안을 하면 된다. "이번에 제가 전자책을 썼어요" "제가 이번에 VOD 강의를 출시했습니다" 그러면 유료 전환율이 극대화된다.

이 모든 것을 메일 자동화 시스템으로 진행하는 것이 핵심이다. 나는 스티비Stibee라는 프로그램을 사용하고 있다. 사용 방법이나 기능은 스티비 홈페이지에서 살펴볼 수 있다. 뉴스레터를 작성할 수도 있고, 누군가 강의나 전자책 신청 메일을 보내면 바로 회신할 수 있게 설정할 수도 있다. 그 밖에 구독자 관리하는 방법부터 자동 이메일을 설정하는 방법 등이 자세히 설명되어 있다. 이러한 자동 이메일 프로그램을 배우면 다양한 활용이 가능하다.

그냥 구글이나 네이버 메일을 쓰면 안 되냐고 생각할 수도 있다. 물론 구글이나 네이버 메일을 활용해도 된다. 그건 개인의 선택이다. 하지만 구글이나 네이버에서 몇천 개의 메일을 한꺼번에 보내면 제재를 받을 수 있다는 점을 염두에 두어야 한다. 다량의 광고 메일을 발송한다고 생각하기 때문이다. 소소한 양의 메일이라면 문제가 없겠지만, 고수익 설계를 위해서는 몇천에서 몇만 통의 메일을 한 번에 보낼 수 있는 시스템을 구축해야 한다. 실제 내가 개인 계정으로 거래처에 메일을 보냈는데 스팸함에 자동 분류된 적도 있다.

따라서 고수익 비즈니스를 하고 싶다면 자동 이메일 설정 방법을 공부해 두는 것이 좋다. 자동 이메일 시스템을 통해 첫 메일을 받은 사람이 다음 메일을 기다리게 만들고, 그다음 메일을 또다시 기다리게 만들면서 최종적으로 유료 구매를 제안하는 것이 기초 설계인 셈이다.

새로운 프로그램을 익히는 게 골치 아프다는 생각이 든다면 '스티비를 제대로 활용하는 법'을 공부해서 콘텐츠로 만들어 봐야겠다는 마음으로 시작해 보는 것도 하나의 방법이다. 일단 시도해 보겠다는 자세가 필요하다. 막연히 그런 것이 있다고 아는 것만으로는 내 것이 되지 않는다. 직접 프로그램에 관해 공부하고 적용해 봐야 진짜 나의 지식이 될 수 있다. 스티비나 액티브캠페인 ActiveCampaign 같은 프로그램은 온라인 비즈니스 사업자뿐만 아니라 보통의 기업에서도 많이 사용하고 있기 때문에 알아 두면 반드시 쓸모가 있다.

나의 브랜드 가치를
올리는 방법

업그레이드의 중요성

가진 재능이 없어서, 사업을 시작할 자본금이 없어서 어떤 것도 할 수가 없다고 말하는 것은 핑계에 불과하다. 온라인 비즈니스 세계에서는 스스로 지식의 업그레이드를 시도하면서 얼마든지 콘텐츠 상품을 제작해서 팔 수 있다.

업그레이드의 중요성은 몇 번을 말해도 부족하다. 나를 업그레이드하면서 콘텐츠를 제작할 수 있고, 고객을 업그레이드한다는 마음으로 상품을 판매할 수 있다. 또한 만들어진 상품을 계속해서 업그레이드하면서 새롭게 수익을 창출할 수도 있다.

매번 똑같은 상품만 판매하면 결국 브랜드 가치가 떨어지고 만다. 지식에도 인플레이션이 있다. 내가 판매하던 지식 상품이 널리 공유되고, 비슷한 상품 혹은 더 업그레이드된 상품을 무료로 찾아볼 수 있다면 내 상품의 쓸모는 곤두박질친다. 남은 것은 가격 경쟁력뿐이라 점점 더 싸게 팔다가 결국에는 판매를 종료해야 한다. 그런데 이미 출시한 상품을 지속해서 업데이트하는 동시에 새로운 콘텐츠를 계속 개발하면서 업그레이드하면 브랜드 가치는 올라간다.

지속적인 비즈니스를 위해서는 콘텐츠의 업그레이드가 필수적이며, 콘텐츠를 업그레이드하는 가장 확실한 방법은 나 자신을 먼저 업그레이드하는 것이다. 내가 먼저 경험해 본 다음, 지금 가장 유용한 지식 혹은 오랫동안 유효한 지식을 상품으로 만들어야 한다.

나는 업그레이드를 위해 꽤 많은 투자를 한다. 더 많은 지식을 전해 주는 온라인 비즈니스 강사가 되기 위해 수많은 전자책을 소비하고, 유료 강연을 듣기도 하고, 컨설팅을 받기도 한다. 경험해 보기 위해 소비하는 것이다. 지금껏 사서 모은 전자책 가격만 해도 어마어마하다. 하지만 전혀 아깝지 않다. 만약 내가 경험을 위해 100만 원을 소비하면, 100만 원을 투자해서 얻은 지식으로 수천만 원을 벌 수 있기 때문이다. 내가 열정을 지니고 계속해서 업그레이드를 시도하고 새로운 지식을 전달하기 위해 노력하면, 고객들은 가장 먼저 그걸 알아차린다.

나는 2년 정도 수영을 배웠는데, 접영도 제법 하는 편이다. 한번은 수영장에서 만난 어떤 사람이 10년 넘게 수영을 배웠지만 좀처럼 실력이 늘지 않는다면서 얼마나 배웠길래 그렇게 잘하냐고 내게 물었다. 2년이라고 했더니 매우 놀라는 눈치였다.

나는 사실 2년 전에 수영 과외를 받은 적이 있다. 당시 수영 강사가 접영 선수 출신이었다. 그때 배운 접영은 단체 강습 때 익혔던 접영과는 조금 달랐다. 그렇게 일대일로 3개월 동안 수영을 배웠다. 일반 강습이 한 달에 5만 원 정도였다면, 일대일 강습은 33만 원이었다. 결제를 하면서도 3개월에 100만 원 가까운 돈을 수영에 쏟아붓는 게 말이 되나 스스로 되묻기도 했지만, 돌이켜 생각해 보니 썩 괜찮은 투자였다. 3개월의 투자로 시간은 훨씬 절약하면서 실력은 눈에 띄게 개선됐기 때문이다.

업그레이드를 위한 투자도 이와 비슷하다. 남보다 한발 앞서거나 지지부진한 상대를 추월해 갈 수 있는 노하우를 얻는 것이다. 무료 콘텐츠로도 수익화가 가능하고 실력을 키울 수 있지만, 적절한 투자는 더 빨리 수월하게 가는 방법을 알려 준다. 따라서 만족할 만큼 수익이 생기기 시작했다면 반드시 업그레이드를 위해 투자해야 한다. 팔던 것만 계속 팔고 해 오던 일만 반복하면 언젠가 반드시 한계를 느낄 것이다.

업그레이드로
새로운 무기를 장착하자

여러분이 만약 블로그 강의를 하는데, 현재 블로그 강사를 양성하는 일까지 했다고 가정해 보자. 그렇다면 블로그에 관한 모든 노하우를 다 알려 준 것이라고 봐도 무방하다. 무기를 아예 팔아 버린 것이다. 그러므로 다음 단계를 준비해야 한다. 다시 또 새로운 가치를 전달하지 못하면 내가 성장을 도운 고객을 결국 다른 사람에게 빼앗기게 된다. 내가 계속해서 고객의 가치를 업그레이드할 수 있는 방법을 찾아야 한다. 그러기 위해서 나를 먼저 업그레이드해야 하며, 언제든지 새로운 제안을 할 수 있는 준비가 되어 있어야 한다.

업그레이드가 없으면 찾아오는 고객도 점차 줄어든다. 구매가 이어지려면 내 상품에 감동한 이들의 입소문이 있어야 하는데, 업그레이드가 되지 않으면 고객의 반응은 더 이상 확산될 수 없다. 5만 원짜리 상품을 판매했다면, 그 이후에 10만 원짜리 상품을 제안할 수 있게 업그레이드되어야 한다. 나에게 블로그 강의를 샀던 고객이 유튜브 강의를 사고, 비즈니스 강의도 사고, 코칭도 받고, 이렇게 계속해서 재구매를 하게 만들어야 한다.

나를 업그레이드하는 것은 노하우를 차곡차곡 쌓아 가는 일인 동시에 새로운 무기를 장착하는 일이다. 업데이트 없는 무기로도 괜찮은 판매 수익을 올릴 수는 있지만, 일회성일 뿐이다. 시간이 흐르면 전자 기기나 가구 등 우리가 가진 모든 유형의 물건을 업그레이드하고 싶어진다. 그런데 왜 지식 콘텐츠에는 업그레이드에 관한 열망이 없겠는가? 물건을 업그레이드하기 위해서는 지출이 필요한 것처럼, 지식 콘텐츠를 업그레이드하는 일에도 투자가 있어야 한다. 오히려 물건은 업그레이드해도 언젠가 수명이 닳아 또다시 새로 구입해야 하지만, 지식 콘텐츠는 과거의 지식에 새로운 것이 더해지면서 더욱 풍부해진다. 투자의 가치가 있는 것이다.

판매 콘텐츠를 업그레이드하기 위해 비싼 유료 강연을 사서 들었는데, 생각보다 실망스럽고 얻은 것이 없다고 생각할 때도 있다. 하지만 그런 상황에서조차 배울 것이 있다. 훌륭한 강의는 본받고, 실망스러운 강의는 교재 삼아 내가 더 나은 콘텐츠를 만드는 밑거름으로 쓰면 된다. 성공한 콘텐츠를 분석하는 것만큼 실패한 콘텐츠를 분석하는 일 또한 의미 있다. 유료 상품은 어떻게 기획하고 어떻게 가격을 책정해야 하는지, 무료 콘텐츠는 어느 정도까지 만들어야 사람들이 만족하는지 다양한 것을 느낄 수 있다.

나는 블로그 강사를 양성하면서 블로그로 할 수 있는 최대의 수익화를 이루었다. 그다음이 문제였다. 또다시 업그레이드를 해야 하는데 블로그로 무엇을 더 할 수 있을지 고민이었다. 그래서 유튜브에 도전해 봐야겠다고 마음먹고, 관련 강의도 듣고 전자책도 사서 보면서 유튜브를 개설하고 이런저런 시도를 했다. 돈 버는 방법을 알려 주는 유튜브 채널들은 2020년 무렵에 급부상했는데, 나는 2021년에 유튜브를 시작했다. 당시는 거품이 조금씩 빠지는 시기였다. 그런 이유 때문이었는지 구독자 수는 늘어나는 듯싶다가도 정체됐다. 하지만 나는 꼭 10만 유튜버가 되고 싶었고, 결국 그렇게 됐다. 한계가 올 때마다 그 상황을 극복하기 위해 새로운 지식을 업데이트하다 보니 나도 모르는 사이에 블로그도 유튜브도 제법 잘 키운 사람이 되었다. 각 분야에서 독보적이라고 말할 수는 없지만, 어떤 플랫폼에서 새롭게 시작해도 보통 수준 이상으로 키워 나갈 수 있다는 자신감이 생겼다.

우리가 만약 음식점을 차린다면 어떻게 준비해야 할까? 혼자서라도 열심히 많은 요리를 만들어 보면 되는 걸까? 자기가 먹는 음식을 다양하게 만드는 것이 목적이라면 그 방법도 나쁘지 않다. 하지만 음식점을 창업하려면 제대로 된 요리사가 있는 성공한 음식점들을 찾아다녀야 한다. 그래야 정말로 꼭 필요한 경험이 쌓인다. 블로그를 키우고 싶다면 블로그 잘하는 사람을 찾아야 하고, 유튜브를 키우고 싶다면 유튜브 잘하는 사람을 찾아야 한다. 무료 콘텐츠를 어떻게 기획해야 하는지 알고 싶다면 다른 사람의 무료 콘텐츠를 찾아봐야 하고, 유료로 콘텐츠를 판매하고 싶다면 직접 유료 콘텐츠를 구매해 봐야 그 시스템을 제대로 이해할 수 있다. 10만 원짜리 콘텐츠를 팔고 싶다면 10만 원짜리 콘텐츠를 구매해 보고, 100만 원짜리 콘텐츠를 팔고 싶다면 100만 원짜리 콘텐츠를 구매해 봐야 한다. 그래야 차이를 제대로 알 수 있다. 투자하고 경험한 만큼 유용한 무기가 쌓이게 될 것이다.

고객은 업그레이드에 대한 열망을 품고 점점 발전하는데 나는 여전히 똑같은 위치에 있는 것은 아닌지 항상 경계하면서 새로운 무기를 손에 넣기 위한 노력을 아끼지 말아야 한다. 그것이 나의 브랜드 가치를 높이는 가장 확실한 방법이다.

나는 지금도 100만 원 이상의 고가 강의를 구매해서 보고, 실력을 업그레이드한다. 영어 학원을 창업했을 때부터 지금까지 지식 콘텐츠 소비에 1억 원가량은 쓴 것 같다. 그렇게 좋고 나쁜 콘텐츠의 기준을 스스로 터득했다. 그래서 항상 책정된 가격 그 이상의 가치를 제공하는 콘텐츠를 만들기 위해 힘쓴다.

고가 상품의 판매 기획

고가 상품 설계법

상품을 최대한 많이 판매하는 것이 고수익을 불러오는 길이지만, 애초에 고가의 상품을 기획하는 것도 고수익 설계의 한 방법이다.

고가 상품의 판매 기획을 할 때는 일단 보유하고 있는 상품을 쭉 나열해 본 다음 구성을 살펴본다. 제공할 수 있는 모든 상품을 아래처럼 브레인스토밍brainstorming하듯이 펼쳐 보는 것이다.

문의 사항 피드백 **코칭권**

네트워킹 파티

일대일 컨설팅

전자책 배포

레벨업 스터디

다양한 템플릿 제공

영상물 강의 콘텐츠

나는 '블로그 강사 양성' 강의를 판매했던 첫 달에 1,000만 원의 매출을 올렸다. 당시 블로그 강사로서 나는 단연코 다른 어떤 블로그 강사보다 허접했다. 보통은 최소 2~3년 이상 블로그를 운영한 다음 강사가 되는데, 나는 2개월 만에 블로그 강의를 하겠다고 나섰으니 어찌 보면 당연한 일이었다. 보유한 지식의 차이가 너무나 컸다. 그런데 어떻게 1,000만 원이 넘는 돈을 벌 수 있었을까?

다른 블로그 강사보다 노하우가 부족한 대신 알고 있는 모든 것을 다 이야기하겠다고 했다. 나에게 블로그 강사 양성 교육을 받으면 PPT 만드는 법도 알려 주고, 고객을 어떻게 모아야 하는지도 알려 주고, 상세 페이지는 어떻게 구성해야 하는지도 알려 주고, 온라인 카페를 만들어서 소통하는 방법도 알려 주고, 카톡 채널을 만들어서 고객 응대를 하고 상담하는 것까지 알려 줬다. 이 모든 것을 유료 상품으로 구성했더니 블로그를 시작한 지 몇 달 안 된 블로그 강사였음에도 불구하고 유의미한 성과를 낼 수 있었다.

돈을 버는 것이 능력의 영역이 아니라 상상의 영역이라고 한 이야기는 바로 이런 부분 때문이다. 일단 내가 판매할 수 있는 모든 콘텐츠를 나열해 두고 나서 상품 구성을 설계하는 것이다.

각각의 콘텐츠를 상대적으로 저가인 상품으로 구성하고, 모든 콘텐츠를 다 조합해서 고가 상품으로 구성할 수 있다. 대신 고가 상품을 구성할 때는 '정말 모든 노하우를 다 알려 주는구나' 싶은 마음이 들 수 있게 최대한 구체적인 방법을 다 담아내야 한다.

구성을 어떻게 하느냐에 따라서 10만 원짜리 상품도 비싸게 느낄 수 있고, 100만 원짜리 상품도 저렴하게 느낄 수 있다. 특히 고가 상품 구성에서 중요한 점은 상품을 구매한 고객이 내 콘텐츠를 통해서 반드시 수익화를 이룰 수 있도록 이끌어 줘야 한다는 것이다. 이때 내가 수익화를 했을 때 필요한 게 무엇이었는지, 내가 알아 둔 것 중 가장 유용한 정보는 무엇이었는지 짚어 보는 것도 도움이 된다.

좀 더 구체적으로 살펴보면, 다음과 같은 과정을 통해 고가 상품을 설계할 수 있다.

Step 1. 고가 상품으로 구성할 만한 아이템을 고민한다. 사람들이 원하는 것은 무엇일까? 지금 내 채널은 찾아온 사람들에게 부족한 것은 무엇일까? 사람들이 원하는 것, 부족한 것 중에 내 능력으로 채워 줄 수 있는 부분이 있을까? 상품 구성은 일단 이런 고민에서 시작되어야 한다.

Step 2. 브레인스토밍을 통해 내가 제시할 수 있는 콘텐츠를 나열해 본다. 전자책이나 강의 영상이 전부가 아니다. 일일이 피드백이 필요한 고객에게는 코칭권을 판매할 수도 있고, 홈페이지나 상품 소개 페이지 등의 구축을 어려워하는 경우엔 홈페이지 템플릿이나 '미리캔버스' 등의 사이트에서 만든 상세 페이지 템플릿을 상품으로 제시할 수 있다. 인맥을 통해 퀀텀 점프를 꿈꾸는 고객들을 모아 네트워킹 파티를 열 수도 있다. 어떤 문제가 있는지 직접 듣고 해결책을 제시해 주는 일대일 컨설팅도 가능하다.

Step 3. 브레인스토밍으로 나열한 콘텐츠에 아이디어를 더해 판매 가능한 상품을 추가한다. 만약 업그레이드에 대한 열망은 있지만 낯가림이 조금 심하다거나 시간 여유가 없는 고객이 있다면, 단 한 명의 고객만을 위한 퍼스널 고민 해결 영상을 찍어서 보내 주는 상품을 기획할 수도 있다. 예를 들어, 고객이 직접 운영하는 유튜브 채널을 알려 주면 하나하나 점검해 보고 최대한 솔직하고 적나라하게 피드백을 주는 것이다. 콘텐츠 구성부터 시작해서 영상을 찍는 방법, 말투, 섬네일 만들기, 채널명과 콘텐츠 제목까지 일일이 피드백을 해 줄 수 있다.

Step 4. 추가된 상품을 포함해서 내가 판매할 수 있는 모든 콘텐츠를 고가의 상품으로 구성하고 가격을 책정한다. 낱개로 판매한 가격을 고려했을 때 모든 콘텐츠를 합한 판매 상품이 500만 원이라고 가정해 보자. 실제 값어치가 500만 원이라고 해도 고객은 부담을 느낄 수 있으므로 5분의 1 수준으로 제안한다. '100만 원에 이런 구성이라고?' '이대로 하면 1,000만 원은 벌 수 있을 것 같은데?' 이런 생각이 들게 만드는 것이다. 그러면 100만 원이라도 사야겠다는 생각이 든다.

그렇다고 해서 있어 보이려고 실제 가격을 뻥튀기한 다음 할인된 가격을 제시하라는 이야기는 아니다. 객관적으로 실제 500만 원 이상의 가치가 담겨 있는지 냉정하게 점검해 보고 판매 상품을 구성해야 한다. 아무리 파격적으로 할인된 가격이라고 해도 고가의 상품을 선뜻 구매하는 일은 쉽지 않다. 하지만 구성품의 가치가 정말 냉정하게 생각해서 500만 원 이상이라면, 지금 이 상품을 구매하는 일이 절호의 기회로 느껴질 수 있다. 그러므로 실제로 500만 원 상당의 상품을 구성한 후 파격적인 할인가로 제안하면 수락률이 굉장히 높아진다.

고가 상품 구성에서 가장 중요한 것은 고객의 가치를 업그레이드하겠다는 마인드다. 이보다 수익에 더 집중하면 500만 원짜리 상품을 100만 원에 파는 게 아깝게 느껴진다. 고객이 고가 상품에 도달하게 만들기까지의 과정은 쉽지 않다. 여러 개의 단계를 거쳐야 한다. 그렇게 도달한 이들에게 전달하는 가치를 아끼고 잴 필요는 없다. 진심으로 고객을 업그레이드하겠다는 마음을 먹으면 아깝다는 생각이 들지 않는다. 높은 수익화를 이룬 고객의 증가는 곧 나의 포트폴리오가 되고 권위가 된다.

고가 상품을 분해해서 하나하나 낱개로 판매하면 훨씬 더 비싼 가치를 받을 수 있을 거라고 단편적으로 생각하기 때문에 아까운 마음이 드는 것이다. 하지만 고객 입장에서는 낱개 판매로 콘텐츠를 구매하다 보면 등산을 하다가 중간에 그만 두듯이 오히려 구매를 멈추는 일이 생긴다. 특별히 할인하는 상품도 아닌데 지금 당장 필요하지 않은 것을 비싸게 살 필요성을 느끼지 않는 것이다. 그러나 5분의 1 가격의 파격적인 혜택이라면 당장 필요하지 않더라도 지금이 구매의 적기라는 생각이 들 수 있다.

사실 10만 원에 판매했던 상품을 100만 원에 팔아도 구매하는 사람은 존재한다. 반대로 100만 원에 판매했던 상품을 10만 원에 팔아도 절대 구매하지 않는 사람이 있다. 이는 판매자에 대한 신뢰 여부 때문일 수도 있고, 경제적 상황에 따른 결정일 수도 있다. 어떻게 상품을 구성해도 잠재 고객 모두의 선택을 받을 수는 없다는 뜻이다. 따라서 현재의 시장 상황을 잘 파악한 다음 자기만의 합리적인 기준을 만들어 나가야 한다.

특히 고가의 상품을 설계할 때 가장 중요한 점은 설계자가 직접 경쟁자 혹은 경쟁 상품을 반드시 경험해 봐야 한다는 것이다. 나는 최근에 200만 원이 넘는 고가의 스터디 상품을 구매했다. 세 시간씩 4번 진행하는 수업에도 직접 참여했다. 200만 원 이상의 스터디를 기획하기 위해서 꼭 필요한 경험이었다. 이 스터디에는 단순히 4회의 수업뿐만 아니라 네트워킹 파티 등도 포함되어 있어 인맥을 넓히는 데도 도움이 됐다. 이러한 경험이야말로 고가 상품의 기준을 만들어 나갈 때 매우 좋은 표본이 된다.

어떻게 상품을 설계하든 가장 중요하게 고려해야 할 점은 고객에게 고가의 금액이 아깝지 않을 만큼 가치 있는 경험을 제시할 수 있어야 한다는 것이다.

효율적인 구매 동선의 설계

판매 기획은 쉽게 말해서 구매 동선을 짜는 것이다. 식당 개업을 예로 들어 보자. 식당 인테리어를 할 때는 손님이 문을 열고 들어오자마자 어떻게 움직여야 할지 직관적으로 알 수 있는 동선으로 설계해야 한다. 장사가 안되는 식당에 가면 어떻게 움직여야 할지 우왕좌왕하게 된다. 사소하게 생각할 수도 있지만 '고객의 편의를 생각하지 않는 곳'이라는 이미지가 생기는 것이다. 진짜 소문난 맛집이라면 동선이 엉망이어도 찾아가는 사람이 있겠지만, 고객을 뻘쭘하게 서 있게 만드는 곳은 대체로 불쾌한 경험으로 남는다.

그래서 판매 개시 전에 구매 동선을 잘 짜 두는 것이 중요하다. 특히 고가의 상품이라면 더욱 치밀하게 동선을 설계해야 한다. 고가의 상품일수록 그 앞에 많은 계단을 놓아 주어야 하는 것이다. 고가 상품과 소비자 사이에는 보이지 않는 심리적 장벽이 존재하기 때문이다.

상대적으로 저가의 상품은 한 발짝 정도만 다가가면 구입할 수 있다. 마음의 거리가 그렇다는 뜻이다. 하지만 고가의 상품은 거리감이 멀다. 저가 상품은 샅샅이 살펴보지 않아도 한 번쯤 사 볼까 하는 마음으로 구입하기도 한다. 하지만 고가 상품은 꼭 필요한 이유를 오랫동안 고민한다. 그래서 고가 상품을 설계할 때는 차근차근 밟고 올라갈 수 있는 계단 혹은 빠르게 다가갈 수 있는 엘리베이터를 놔 줘야 한다.

구매 동선을 설계한다는 것은 바로 그 계단 혹은 엘리베이터를 어떻게 설치할지 고민하는 일이다. 사실 판매 기획만 잘해도 많은 소비자를 모을 수 있다. 앞서 배웠던 세일즈 기법을 적재적소에 적용해서 잠재 고객을 고가 상품으로 인도할 수 있기 때문이다.

고가 상품 구매를 유도하기 위해 무료 특강을 진행할 때부터 첫 번째로 어떤 메일을 보낼지 미리 준비해 두어야 한다. 그리고 두 번째, 세 번째 메일에는 또 어떤 내용을 담아야 강의 참석률이 높아질지 최대한 효율적인 동선을 짜기 위해 노력해야 한다. 무료 특강이라 해도 신청했는데 메일이 한 번도 안 왔다면 '이게 신청이 된 건지, 안 된 건지' 불안하다. 메일 발송을 미루다가 특강 시간에 임박해서 보내면 까먹고 있다가 '참석하라는 거야, 말라는 거야?' 생각할 수도 있다. 그렇기 때문에 효율적으로 동선을 설계해서 고객이 불편함을 느끼지 않도록 해야 한다.

효율적인 구매 동선 설계의 궁극적인 목적은 긍정적인 경험을 제공해서 재구매를 유도하는 것이다. 한차례 판매가 완료됐다고 해서 끝이 아니다. 유료 콘텐츠를 구입한 고객이 다음에 다시 찾아올 수 있게 설계해야 한다.

인터넷이 발달하지 않은 과거에는 단기간에 입소문이 퍼지는 일이 거의 없었다. 하지만 지금은 어딘가에서 불쾌한 경험을 하면 순식간에 소문이 퍼진다. 온라인 비즈니스 분야 역시 마찬가지다. 구매 과정이 매끄러우면 좋은 인상을 받지만, 까다롭고 불편하면 재구매는 생각도 안 하게 된다.

단순히 일회성으로 상품을 판매하는 것을 넘어 '어떻게 하면 고객이 또 방문할까?' '어떻게 하면 나의 상품을 재구매할까?'를 끊임없이 고민해야 한다. 고객을 배려하고 고객의 가치를 지속해서 업그레이드하겠다는 사명감을 구매 동선 설계에 반영해야 한다.

특히 고가 상품의 경우 구매 과정도 복잡하고 막상 콘텐츠를 받아 봤는데 업그레이드되는 경험을 하지 못하면 불만족이 쌓인다. 반면에 계속해서 업그레이드될 수 있는 경험을 제공하면 충성 고객이 늘어난다. 100만 원을 버는 사람은 500만 원을 벌 수 있게 만들고, 500만 원을 버는 사람은 1,000만 원을, 1,000만 원을 버는 사람은 1억 원을 벌 수 있게 해야 한다.

나는 블로그 강의를 할 때 고객이 원하는 만큼 방문자 수를 늘릴 수 있게 만들었다. 그다음에는 내가 블로그 강의로 1,000만 원을 벌었던 것처럼 수익화할 수 있게 도왔다. 이런 식으로 계속해서 고객을 업그레이드시켜야 한다.

고객에게 긍정적인 경험을 심어 주고 고객의 성장을 진심으로 돕겠다는 마음으로 콘텐츠를 제공하면 자연스럽게 후속 관리가 된다. "노마드 크리스는 내가 더 업그레이드할 수 있게 만들어 주는 사람이야"라고 입소문을 내 주기 때문이다.

고가 상품을
제안해야 하는 순간

유료 상품의 판매를 개시할 때 잊지 말아야 할 것은 나의 팬이 된 사람들이 구매한다는 점이다. 아직 나의 칼럼이나 영상을 소비한 적이 없는 사람들은 선뜻 유료 상품을 결제하지 않는다.

따라서 유료 구매자 수를 늘리고 판매율을 높이기 위해서는 아직 나의 콘텐츠를 소비한 적 없는 냉정한 고객에게 끊임없이 새로운 가치를 제시하면서 그중 일부를 팬으로 만들어야 한다. 콘텐츠를 통해 업그레이드되는 경험을 계속 제공하면서 냉정했던 고객을 열망이 가득한 상태로 만드는 것이 핵심이다.

그런데 자신에게 호감을 느끼는 상대에게 유료 가치를 제안하는 것이 지나친 상술처럼 느껴져서 망설이는 판매자들이 있다. 하지만 열망이 있는 상대에게는 유료 가치를 제안하지 않는 것이 오히려 실망을 불러오는 요인으로 작용할 수 있다.

오랜만에 동창회에 나갔는데, 친구들이 모두 롤렉스시계를 차고

왔다고 가정해 보자. 시계가 없는 건 나뿐이다. 동창회가 끝나면 무슨 생각이 들까? '나도 명품 시계 하나 정도는 있어야 하나?' 자연스럽게 이런 생각이 떠오른다. 시계에 대한 열망이 생긴 것이다.

이때 합리적인 가격으로 롤렉스시계를 살 수 있는 기회가 생긴다면 구매를 결심하게 될 확률이 높다.

내가 만든 콘텐츠를 통해 블로그를 만들고, 키워드 포스팅으로 방문자 수를 늘리면서 블로그를 제법 키웠다면 그다음 단계를 생각하게 된다. 열망이 생긴 것이다. 잠재 고객이 '더 업그레이드되었으면 좋겠다'는 마음을 먹었는데 내가 추가적인 가치를 제공하지 않는다면 어떻게 될까? 그러면 열망이 생긴 고객은 다른 강사를 찾아볼 것이다. 정작 관심을 갖게 만든 건 나인데, 유료 콘텐츠로 수익화를 이루는 것은 다른 판매자가 될 수 있다.

열망이 생긴 고객에게 유료 가치를 제안하는 일을 상술로 치부해서는 안 된다. 고객은 오히려 제안을 바라고 있는데 망설이느라 수익화의 타이밍을 놓칠 수 있다. 적절한 때에 맞춰 고객이 원하는 가치를 제안할 줄도 알아야 한다. 내가 업그레이드를 시켜 놓고 유료 제안을 하지 않으면 결국 남 좋은 일을 하는 것이다.

지인 중 한 명이 홈쇼핑에서 본 안마의자를 구매하고 싶다는 마음을 먹었다. 그런데 주문이 폭주했는지 도통 전화 연결이 되지 않았다. 갖고 싶은 열망은 생겼는데 당장 구매가 불가능해지자 지인은 결국 검색해서 다른 안마의자를 샀다. 홈쇼핑은 안마의자를 사야겠다는 열망만 불러일으키고 수입은 얻지 못한 것이다.

무료로 콘텐츠를 제공하거나 이벤트를 진행하는 이유는 잠재 고객을 형성하고 열망을 부추기기 위해서다. 고객 스스로 업그레이드하고 싶은 욕망이 생겼을 때, 적절한 유료 가치를 제안할 수 있어야 한다. 욕망이 없는 사람한테는 아무리 얘기해 봤자 효과도 없고 상술로만 느낄 뿐이다. 그러나 욕망이 생긴 사람이라면 유료 가치를 제안해도 기다렸다는 듯이 흔쾌히 수락할 확률이 굉장히 높다. 이렇게 내 상품을 진짜 원하는 고객으로 타깃을 좁혀 나가야 한다.

열망에 가득 찬 고객을 다른 곳에 빼앗기지 않으려면 갖추어야 할 것이 또 있다. 결제 시스템도 잘 마련되어 있어야 하며, 고객을 업그레이드할 수 있는 후속 제안도 바로바로 제시할 수 있어야 한다.

어느 날 TV를 보는데 새로운 다이어트 방법이 소개되고 있었다. 어떤 스위스 사람이 이 다이어트 방법으로 5년 동안 40킬로를 뺐다는 것이다. 살 빼기 전에 입었던 옷을 보여 주는데 나도 모르게 집중해서 시청했다. '어떻게 뺐을까?' 하는 호기심에 계속 지켜보는데 영상 중간마다 자꾸 무슨 알약을 먹는 모습이 나왔다. 락토페린lactoferrin이라는 것이었다. 그리고 이어서 전문가가 등장해 락토페린의 효능을 설명했다. 이때 어떤 촉이 왔다. 분명 홈쇼핑에서 이

락토페린을 팔고 있을 것 같았다. 그래서 홈쇼핑으로 채널을 돌렸더니 정말로 락토페린을 팔고 있었다. 그런데 나는 사실 홈쇼핑의 결제 시스템이 마음에 들지 않는다. 전화를 하거나 회원 가입을 하는 절차가 너무 귀찮다. 이제 막 락토페린을 한번 먹어 볼까 싶은 열망이 생겼는데, 귀찮은 결제 방식이 걸림돌이 된 것이다. 결국 나는 홈쇼핑 채널이 아니라 평소 사용하던 쇼핑 앱에 들어가서 락토페린을 검색한 다음 구입했다.

앞서 강조한 효율적인 구매 동선의 설계가 중요한 이유는 바로 이러한 타이밍을 놓치지 않기 위해서다.

세일즈를 위한
루머 생성과 약속 이행

루머rumor 생성 기법을 적용하는 것도 하나의 세일즈 수단이 될 수 있다. 본격적인 판매를 시작하기 전이나, 평상시 칼럼을 작성할 때, 혹은 이메일을 통해 정보를 보내거나 소책자·전자책·강의 등에 관해 언급할 때 루머를 살짝 덧붙여 보는 것이다.

앞서 유튜브를 키워 주는 프로젝트인 '유튜브 다마고치'라는 것을 진행한 적이 있다고 했는데, 당시 신청자가 3,300여 명이었다.

이렇게 신청자를 모을 수 있었던 이유는 프로젝트를 진행하기 훨씬 전부터 계속해서 "유튜브 다마고치 할 겁니다"라고 말해 왔기 때문이다. 언젠가 말한 대로 진행할 생각이긴 했지만, 이렇게 언급을 시작했을 때는 아직 구체적인 계획이 없었다.

당시 나의 유튜브 구독자 수는 6만 명이었다. 그 상태로 6개월 정도 구독자가 늘지 않는 정체기에 빠져 있었다. 하지만 나는 유튜브 구독자 수를 10만 명 이상으로 늘리고 싶었다. 정체기를 극복하고 10만 명으로 가기 위해서는 어떻게 해야 하는지 고민이 많았다. 그래서 유튜브 다마고치를 통해 블로그 이웃과 구독자들의 유튜브 채널을 함께 키우고 나 또한 한 단계 더 성장하려고 마음먹었다.

나는 아직 구체적인 계획은 없었지만 유튜브 다마고치를 하겠다고 먼저 공표했다. 이때 공지를 올렸던 블로그 글에 100개가 넘는 댓글이 달렸다. 공지글을 어디에 퍼뜨리거나 광고를 한 것도 아니었다. 사람들의 열망이 그만큼 컸던 것이다.

정작 유튜브 다마고치는 아직 시작도 안 했는데, 얼마 지나지 않아 10만 구독자를 달성해서 실버버튼을 받았다. 10만 유튜버가 되기 위해 유튜브 다마고치를 구상했는데, 시작도 안 한 상태에서 이르게 목표를 달성한 것이다. 당시에는 의도하지 않았지만, 돌이켜 생각해 보니 루머 생성 기법을 사용한 것이었다.

아이폰 15가 출시되기 전부터 여러 가지 루머가 돌았다. 그중 특히 사람들의 관심을 끌었던 것은 USB C타입으로 바뀐다는 내용이었다. 그런데 이 루머는 아이폰 13 출시 무렵부터 꾸준했다. 그렇다며 이런 루머는 누가 퍼뜨리는 것일까? 그렇지 않을 때도 있지만, 핵심 루머는 제조사에서 직접 퍼뜨린다. 마케팅을 위해서 루머를 생성하는 것이다.

루머를 이용하는 방식은 꽤 효과적이다. 이런 심리 연구 결과가 있다. 연구를 위해 모집한 사람들을 A 그룹과 B 그룹으로 나누고, A 그룹의 사람들에게 다음과 같은 질문을 던졌다.

"당신은 6개월 안에 차량을 바꿀 의향이 있습니까?"

그랬더니 A 그룹에서 6개월 안에 차를 바꾼 사람이 다수 생겨났다. 하지만 이런 질문을 받지 않은 B 그룹에서는 차를 바꾼 사람이 거의 없었다.

이게 바로 말의 힘이다. 질문을 받는 순간, 한 번도 고려하지 않았던 문제를 진지하게 생각해 보게 된다. 루머가 닿는 순간, 뜬소문이라고 무시하는 사람도 있지만 누군가의 마음에는 작은 동요의 싹이 자란다. 소문이 반복되면 더 많은 사람이 동요하고, 이미 동요의 싹을 키운 사람은 루머를 점차 확신하면서 어떤 행동을 취한다.

그렇다고 해서 무작정 뜬소문을 퍼뜨리라는 말이 아니다. 루머의 뜻처럼 '근거 없이 떠도는 소문'을 만들어서 대책 없이 퍼뜨린다 기보다는 미리 계획을 누설하고 스포하는 쪽에 가깝다.

설계해 둔 고가 상품과 연계해서 어떤 프로젝트를 진행할 계획 이라고 미리 공지하는 것이다. 루머 생성 과정에서는 날짜나 구체 적인 내용 등을 미리 특정할 필요는 없다. 일단 사람들에게 기대를 심어 놓는 단계이기 때문에 '조만간' 혹은 '언젠가' 그런 계획이 있 다고 칼럼이나 영상을 통해 조금씩 반복해서 언급하는 작업을 해 두면 된다. 그렇게 조금씩 마음에 동요를 일으키고 열망을 심어 주 는 것이다.

이렇게 루머를 퍼뜨린 다음에는 진짜로 그 약속을 지켜야 한다. 루머 생성의 중요한 원칙은 루머가 루머에서 그치지 않게 해야 한 다는 점이다. 예를 들어, 챌린지 그룹을 구성해서 모든 참여자가 실제 수익을 거둘 수 있게 서포트한다는 프로젝트를 기획했다면 그대로 이행해야 한다. 어떤 서비스든 론칭하겠다고 발표했다면 언 젠가 실제로 지켜야 하는 것이다.

내가 유튜브 다마고치 프로젝트를 하려고 했던 이유는 10만 유튜 버가 되기 위해서였다. 그런데 루머 생성만으로 10만 구독자를 달 성하고 보니 프로젝트를 진행하지 않고 이대로 계속 방치해 두면 '꼭 해야 할까?' 싶은 생각이 들 것 같았다. 그런 예측이 떠오르자 마자 바로 계획을 실천했다. 이때 3,300명의 신청자가 모인 것은 루머 생성으로 빌드업build-up을 거친 결과였다. 나는 약속을 지키기 위해 10일 동안 유튜브 다마고치 강의를 이어 갔다. 열정을 다해서 강의를 진행하다 보니 후두염에 걸려서 한동안 고생했을 정도였다. 하지만 유튜브 다마고치 강의를 통해 진정한 팬이 많이 확보되었기에 보람된 경험이었다.

때로는 질문 하나를 던지는 것만으로도 고객의 마음에 동요를 일으킬 수 있다. 루머처럼 "유튜브 다마고치 할 겁니다" 이야기를 던진 순간, 누군가의 마음에는 어떤 열망이 싹튼다. '나도 유튜브 할 수 있을 것 같은데' 하는 마음이 심어지는 것이다. 그리고 무의식중에 기다리게 된다.

물론 어떤 그럴듯한 프로젝트를 설계해도 100퍼센트가 응답하는 것은 아니다. 이메일 주소를 1만 개 수집해서 메일을 보내도 1만 명이 다 반응을 보이지는 않는다. 그중 관심도가 높은 소수가 적극적으로 응답한다. 그 대신 열망이 가득한 사람들이 모이기 때문에 진짜 팬이 될 가능성이 높다.

이렇게 자신의 가치를 업그레이드하고자 하는 열망이 가득한 사람들이 다른 경쟁자에게 가지 않도록 하려면 반드시 뿌려 놓은 루머를 회수하고 약속을 이행해야 한다. 그렇게 우리는 고가 상품을 판매하는 동시에 든든한 팬슈머를 확보할 수 있다.

커뮤니티 활성화 전략

커뮤니티를 활성화해야 하는 이유

커뮤니티community란 공동체를 뜻하는 영어 단어다. 그런데 우리는 취향이나 취미 등을 공유하는 사람들이 모여 활동하는 온라인 사이트를 커뮤니티라고 부르기도 한다. 단순히 사람들의 모인 집단을 넘어 공통의 관심사를 지닌 사람들의 집합체를 커뮤니티라 말하는 것이다.

현재 성공적인 비즈니스는 대부분 커뮤니티를 통해 활성화된다. 엔터테인먼트 사업은 가장 적극적이고 구매력이 좋은 대표적인 커뮤니티인 연예인 팬덤을 기반으로 성장한다. 기업에서 유명한 광고 모델을 섭외하는 것도 일종의 커뮤니티 효과를 극대화하기 위해서다. 모델이 된 연예인의 팬덤은 상품을 소비하는 데서 그치지 않고 자발적인 홍보에 나서기도 하기 때문이다. 대기업이 브랜딩에 막대한 자금을 투자하는 것 또한 자사 브랜드에 대한 호감을 높여 우호적인 팬슈머, 즉 커뮤니티를 형성하기 위해서다.

이처럼 주목받는 비즈니스는 대부분 커뮤니티를 등에 업고 있다. 이런 현상은 온라인 비즈니스에서도 진행 중이다. 성공한 판매자들은 활발한 커뮤니티를 기반으로 챌린지, 네트워킹 파티, 협업 등을 진행하면서 비즈니스를 더욱 견고하게 확장해 나가고 있다.

이제 커뮤니티는 온라인 비즈니스에서도 빼놓을 수 없는 주요 요소가 되었다. 콘텐츠 생산자의 입장에서 커뮤니티의 존재는 그 무엇보다 든든한 배경이 된다. 콘텐츠 소비자의 입장에서도 커뮤니티의 존재는 중요하다. 같은 목표를 바라보며 독려하고 함께 성장할 수 있는 힘을 얻기 때문이다.

우리는 커뮤니티의 활성화를 통해 브랜드의 생태계를 확장하고 진정한 팬슈머를 모을 수 있다. 안정적인 비즈니스를 위한 동력을 마련하게 되는 것이다. 따라서 커뮤니티를 활성화할 수 있는 다양한 전략을 구상하고 실행에 나서야 한다.

상품 판매 후 해야 하는 일

지식 콘텐츠 상품은 판매했다고 해서 비즈니스가 마무리되는 것이 아니다. 상품 판매 후에도 지속된 관리를 통해 입소문을 확산하고 재구매를 유도해야 한다. 그리고 이 모든 일은 커뮤니티의 활성화를 통해 체계적으로 실행할 수 있다.

유료 상품을 판매한 후에는 '후기'를 받아야 한다. 고객의 후기는 사회적 증거가 되어 나의 권위를 세워 주는 포트폴리오로 남기 때문이다. 이때 무조건 좋은 후기를 써 달라고 하기보다는 솔직한 후기를 부탁하는 편이 바람직하다. 후기를 통해 내 상품의 가치를 더욱 높일 수도 있지만, 부족하거나 개선해야 할 부분을 피드백 받을 수도 있기 때문이다. 또한 고객에게 필요한 것이 무엇인지 확인하면서 새로운 상품 설계에 관한 아이디어를 얻을 수도 있다.

후기 작성을 독려하기 위해 성의 있는 후기를 써 준 고객에게는 혜택을 제공하는 것도 하나의 방법이다. 혜택은 간단한 PPT 자료를 제공한다든지, 단톡방에 초대를 하는 등 대단한 것이 아니어도 괜찮다. 물론 시간적인 여유가 있다면 일대일 코칭처럼 제법 가치 있는 혜택을 제공할 수도 있다. 이때 커뮤니티가 활성화되었다면 후기를 받는 일은 좀 더 손쉬워진다. 커뮤니티 일원을 대상으로 상품 구매 후기 올리기 챌린지를 진행하면 더욱 풍부한 후기를 모을 수 있다.

후기를 받는 일 외에 또 해야 할 일은 네트워킹 자리를 만드는 것이다. 온라인으로 수익화하는 방법을 익히고, 세일즈에 성공했다면 인맥 형성에도 관심을 갖는 것이 좋다. 나만의 인맥 풀_{pool}에는 한계가 있다. 비즈니스 자체가 끊임없이 타인과 소통하면서 아이템을 찾고 콘텐츠를 만들어 가는 과정이기 때문에 나 혼자 공부하고 고민하는 것만으로는 분명 한계에 부딪힌다.

비슷한 온라인 비즈니스를 하는 사람들끼리는 경쟁자라고 생각할 수도 있지만 그보다는 공생 관계에 더 가깝다. 시장이 활성화되면 경쟁자가 많이 생겨서 비즈니스가 더 어렵지 않을까 고민하는 사람들이 있다. 하지만 사실은 관심이 있는 사람을 더 많이 유입시키고, 시장을 더욱 크게 활성화하는 것이 수요를 늘리고 비즈니스를 확장하는 길이다.

네트워크 파티는 이렇게 협력 관계가 될 수 있는 사람들을 서로 만나게 하는 자리다. 네트워킹을 통해 상품 판매가 더 잘될 수 있게 서로 도움을 주고 윈윈하는 관계를 형성할 수 있다. 비즈니스를 나 혼자 천상천하유아독존으로 하려고만 하면 더 큰 성장은 불가능하다. 더 이상 잠재 고객을 찾기가 어렵기 때문이다. 그래서 다양한 활동을 통해 인맥을 넓히고 시장을 확장해야 한다.

타고나길 내향적인 사람들이 있다. 나 역시 친화력이 좋은 사람은 아니다. 그렇기 때문에 새로운 사람을 만날 때면 남보다 더 많은 에너지를 끌어 써야 한다. 그럼에도 불구하고 나름의 부지런을 떨며 인맥을 형성하려고 하는 이유는 오래도록 안정적으로 비즈니스를 운영하기 위해서다. 네트워크 파티는 단순히 친목을 다지기 위한 것이 아니라 소속감을 높이면서 충성스러운 팬덤을 더욱 견고히 다지고 함께 성장하면서 시장을 더 확장하기 위한 커뮤니티 활성화 방법의 일환이기도 하다.

챌린지와 협업으로 완성되는 비즈니스 설계

앞서 후기 작성 독려를 위해 챌린지를 할 수 있다는 얘기를 살짝 언급했다. 사실 챌린지는 어디에든 적용할 수 있다. 예를 들어, 채널은 개설했지만 콘텐츠 만드는 일이 너무 부담스러워서 시도조차 못 하는 고객을 위해 습관 만들기 챌린지를 할 수 있다. '1일 1영상 올리기' '1일 1피드 올리기' '1일 1포스팅하기' 같은 챌린지를 통해 콘텐츠 생산자로서의 습관을 심어 주는 것이다. 챌린지에 참여하면 혼자 하는 것보다 훨씬 큰 동기 부여가 되고 지속할 수 있는 힘도 생긴다. 이때 여러분은 챌린지 리더로 커뮤니티 일원의 행동을 부추기고 독려하면서 가치를 업그레이드할 수 있게 돕는 역할을 할 수 있다. 그 밖에 구독자 수를 모으는 챌린지, 판매 상품을 기획하는 챌린지, 수익 인증 챌린지 등도 가능하다. 비즈니스를 설계하는 모든 과정을 챌린지를 통해 좀 더 쉽게 진행해 나갈 수 있는 것이다.

또한 협업으로 새로운 수익 구조를 만들어 낼 수도 있다. 협업은 누구와도 가능하다. 동료 콘텐츠 창업자일 수도 있고, 나의 팬슈머일 수도 있고, 참신한 아이템을 가진 제3의 누구일 수도 있다. 협업의 방식 역시 어떤 것이든 가능하다. 비즈니스 파트너로서 서로의 채널에서 서로의 콘텐츠 상품을 홍보할 수도 있고, 함께 협업해서 새로운 상품을 개발할 수도 있으며, 다른 누군가의 상품 판매를 돕고 수익을 나누는 방법일 수도 있다.

이러한 챌린지와 협업은 점점 더 온라인 비즈니스 분야의 필수 요소로 자리 잡을 것이다. 발 빠른 지식 판매자들은 모두 챌린지와 협업에 적극적이다. 이제는 더 이상 자기만의 노하우를 공개하지 않고 배타적으로 상품을 판매하는 시대가 아니다. 잘나가는 콘텐츠 생산자는 절대 혼자서 수익을 만들어 가지 않는다.

나 역시 2024년에 들어서면서 챌린지와 오프라인 모임을 더욱 강화하고 있다. 앞으로 내 콘텐츠를 구입하는 고객에게 끊임없이 잔소리를 하고 수익 창출을 부추겨서 함께 최대한 많은 성과를 만들어 내는 것이 목표다.

우리는 궁극적으로 나 자신의 수익뿐만 아니라 고객의 수익까지 끌어낼 수 있어야 한다. 이를 위해 챌린지와 협업을 적극적으로 활용해야 한다. 고수익을 위한 비즈니스 설계는 결국 챌린지와 협업을 통해 완성된다. 고객의 성과가 곧 나의 포트폴리오가 되고 나의 브랜드 가치를 더욱 상승시켜 주기 때문이다.

고객 구매 여정의 설계

구독자 100명만으로도 억 단위로 돈을 버는 사람이 있는 반면, 1만 명의 구독자가 있어도 100만 원도 못 버는 사람이 있다. 대중의 짐작과는 다르게 온라인 비즈니스 생태계는 구독자 수가 많은 순서대로 수익의 크기가 줄 세워지는 구조가 아니라는 뜻이다.

영어 학원을 10년 동안 운영하면서 늘 고민했던 문제는 '사람들을 어떻게 우리 학원으로 데려올 수 있을까?' 하는 것이었다. 그래서 학원생들이 등록하게 되는 계기, 등록 후에 재등록을 하는 이유, 다시 등록하지 않는 이유 등을 오랜 기간 연구했다.

앞서 살펴본 세일즈 퍼널을 다시 떠올려 보자. 고객이 상품을 구매하기까지는 몇 단계의 과정을 거친다. 먼저 상품의 존재를 인식하는 것이 시작이다. 그다음 쓸모 혹은 흥미를 느끼고 상품에 관심을 갖는다. 그리고 살지 말지 고민한 후 구매 여부를 결정한다.

구매한 상품이 고객을 만족시켰다면 재구매로 이어진다. 이렇게 충성도 높은 고객이 생성된다. 트래픽을 수익으로 연결시키는 방법은 이러한 충성도 높은 고객을 다수 양성하는 것이다.

그렇다면 나의 상품을 구매하는 고객이 어떻게 상품을 인식하고 구매에 이르는지 파악하는 일이 무엇보다 중요하다. 이것을 '고객 구매 여정'이라고 부른다. 자기 고객의 구매 여정을 모른 채 사람 모으기에만 집중하는 것은 수익화에 어떤 영향도 끼치지 못한다.

따라서 우리는 각자 자신이 만든 콘텐츠 상품의 고객 구매 여정

■ **고객 구매 여정**

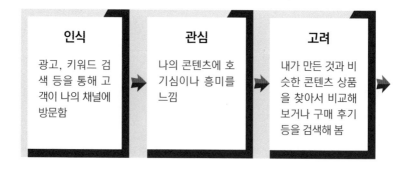

인식	관심	고려
광고, 키워드 검색 등을 통해 고객이 나의 채널에 방문함	나의 콘텐츠에 호기심이나 흥미를 느낌	내가 만든 것과 비슷한 콘텐츠 상품을 찾아서 비교해 보거나 구매 후기 등을 검색해 봄

이 어떤지 분석해야 한다. 어떤 계기로 나라는 판매자를 인식하게 되는지, 내가 만든 콘텐츠 중 무엇에 관심을 가지는지 등을 객관적으로 살펴볼 필요가 있다. 그래야 단계별로 적절한 대응 전략을 짜고, 트래픽으로 모은 사람들을 구매로 이끌 수 있기 때문이다.

고객 구매 여정의 분석을 통해 내가 설계한 상품이 어떠한 과정을 거쳐서 판매될지 머릿속에 그려 놓아야 한다. 그렇지 않으면 고수익은 경험해 보지도 못하고 트래픽만 모으고 브랜딩만 하다가 끝나게 된다. 전자책을 써서 무료로 배포했는데, 그다음에 어떤 단계를 거쳐 수익화로 나아갈지 밑그림을 그려 놓지 않으면 체리피커cherry picker에게 정보만 뺏기고 말 수도 있다. 애써서 잠재 고객을 모으고 신뢰를 쌓았는데 남 좋은 일만 하다가 말 수는 없지 않은가?

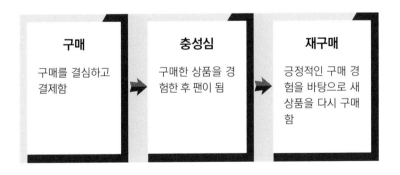

구매	충성심	재구매
구매를 결심하고 결제함	구매한 상품을 경험한 후 팬이 됨	긍정적인 구매 경험을 바탕으로 새 상품을 다시 구매함

치밀한 고수익 설계를 위해서는 고객 구매 여정의 단계마다 적절한 행동을 취해야 한다. 지금까지 이 책을 통해 습득한 노하우들을 고객 구매 여정의 어떤 단계에서 실행해야 하는지 이제 좀 더 체계적으로 정리해 보자.

① 인식

고객 구매 여정의 첫 번째 단계는 '인식'이다. 고객에게 '이런 사람이 있구나'를 인식하게 하는 단계다. 바로 이 단계를 위해 트래픽이 필요하다. 유입이 있어야 인식할 수 있는 개체가 생겨나기 때문이다.

트래픽 발생을 위해서는 콘텐츠를 업로드해야 한다. 블로그, 유튜브, 인스타그램 등 운영하는 채널을 통해 콘텐츠를 업로드하면 된다. 이때는 그냥 이런 사람이 있다는 것을 알게 하는 정도로 충분하다. 어떤 사람이 채널을 운영하면서 콘텐츠를 올리고 있다는 것을 방문자에게 인식시키는 것이 주요 쟁점이다.

물론 트래픽의 증가는 결국 수익화를 위한 것이지만, 처음 채널을 방문하는 이들에게 대놓고 유료 상품을 권하는 것은 오히려 역효과만 낳을 수 있다. 상품을 어떻게 팔아야 할지 염두에 두어야 하는 것은 분명하지만, 그렇다고 해서 '구매 얘기를 언제 꺼내지?'에만 골몰하다 보면 아직 나의 팬이 되지 않은 잠재 고객에게 판매를 위해서 트래픽만 발생시키는 사람이라는 이미지를 심어 줄 수 있다. 이 점에 주의해서 인식 단계에서는 일단 나의 존재를 충분히 알게 하는 것에 집중해야 한다.

고객이 판매 상품에 관심을 가지고 구매한 후 다시 재구매에 이르는 과정은 트래픽을 모으는 것만으로 이루어지지 않는다. 고객 구매 여정에 관한 이해 없이 트래픽 늘리기에만 집중하는 것은 인식 단계에서 벗어나지 못하고 있는 것과 같다.

트래픽을 모았다면 사람들에게 호감을 줄 수 있는 콘텐츠를 제공해야 한다. 이때 중요한 것은 기버의 이미지를 심어 주는 것이다. 제법 유용한 정보를 무료로 제공하면서 도움을 주는 사람이 되어야 한다.

맛보기용 무료 콘텐츠라고 해서 성의 없이 만들면 오히려 이미지만 깎인다. 첫인상은 굉장히 중요하다. 온라인 비즈니스 시장을 잘 이해하고 있는 사람들은 이제 '상품 판매를 위해 무료 전자책을 배포하는구나'라는 것까지 알아챘다. 현재 시장에 무료로 배포되는 전자책이 매우 많기 때문에 아무리 공짜라도 허접한 완성도의 콘텐츠는 오히려 첫인상에 해를 끼칠 수 있다.

안 주는 것만 못한 전자책을 주기보다는 오히려 '이런 걸 무료로 받아도 될까?' 싶은 품질의 콘텐츠를 제공하는 것이 좋다. 돈을 밝히는 사람이 아닌, 아낌없이 나눠 주는 사람으로 인식될 수 있게끔

해야 한다. 이때는 '나중에 이 사람들에게 어떻게 판매를 할까?' 같은 계산적인 생각은 아예 접어 둬도 된다. 이런 생각이 고스란히 느껴지면 무료 제공이라도 참여율이 저조해진다. 콘텐츠를 제공하는 마음은 진심이어야 한다. 진심으로 방문자들의 가치를 높여 주기 위해 유용한 정보를 제공한다고 스스로 생각해야 한다. 그런 열정이 상대방에게 느껴질 수 있게 콘텐츠를 만드는 것이다.

다시 말하자면 인식 단계에서 가장 중요한 것은 사람들에게 좋은 첫인상을 주는 것이고, 좋은 첫인상이란 바로 기버의 이미지다. 따라서 어떤 콘텐츠를 제작하든 호혜성의 법칙을 꼭 염두에 두는 것이 좋다. 무언가를 공짜로 받으면 갚고 싶어 하는 사람들이 반드시 있다. 진심으로 열정을 다해 유용한 정보를 알려 주고 그런 마음을 부추길 수 있다면 성공적인 인식이 될 수 있다.

② 관심

얼마 전 사무실을 구하려고 여기저기 다니다 보니 중개사마다 차이점이 눈에 띄었다. 이타적인 사람인지 아니면 계약이나 빨리 하고 돌아갔으면 하는지 훤히 보이는 것이다.

한 중개사는 내가 찾는 조건에 딱 맞는 매물들을 보여 줬다. 그런데 가만 보니까 다 공실로 남아 있는 것들이었다. 그리고 죄다 깜짝 놀랄 정도로 지저분했다. 심지어 비둘기 사체가 있는 곳까지 있었다. 배려가 없다고 느꼈다. 물건이 팔릴 수 있도록 확인하고 관리하라고 요청했어야 하는데, 계약서를 쓰는 것에만 몰두해 있는 듯했다. 새로운 매물을 보여 줄 때마다 대체 뭐가 튀어나올지 몰라 무섭기까지 했다.

반면에 어떤 중개사는 내가 말한 조건보다 조금씩 아쉬운 매물들을 보여 주었는데, 같은 공실이어도 너무 깨끗하게 관리되고 있었다. 조건만 들었을 때는 아쉽다고 생각했던 매물도 막상 가서 보니 모두 욕심이 났다. 사무실을 구하려는 사람이 들어왔을 때 어떤 인상을 받을지 헤아리고 관리한다는 느낌을 받았다.

부동산 거래뿐만이 아니다. 어떤 상품을 살 때 판매자가 구매자를 배려하고, 구매자가 중요하게 생각하는 문제를 함께 해결해 주기 위해 노력한다는 느낌을 받으면 없던 관심마저 생겨난다.

고객이 구매 여정의 두 번째 단계에 들어섰을 때 그러한 관심을 유발할 수 있어야 한다. 나를 인식하고 이타적인 마인드를 느꼈지만 딱히 상품에는 관심이 없던 사람도 이런 정신을 가진 판매자를 만나면 '그래서 이 사람이 파는 게 뭐지?' 하는 관심이 생성된다. 이런 배려가 있는 사람이 파는 상품이라면 분명 유용할 것이라는 기대를 불러오는 것이다.

이렇게 트래픽으로 모인 사람들이 관심을 보일 때 칼럼과 영상 등을 통해 계속해서 유용한 정보를 보여 주어야 한다. 그리고 이와 동시에 상품에 관해 조금씩 간접적인 노출을 시도한다. 직접적인 상품 광고는 반감을 살 수 있지만, 콘텐츠 끝에 연관된 상품 소개를 살짝 덧붙이는 것은 호기심을 유발할 수 있다. 이미 나에게 관심이 생긴 잠재 고객들이기 때문이다.

여기서 한발 더 나아가 정말 고객의 가치를 업그레이드시키고 싶다는 생각으로 만든 상품이라면, 고객 또한 그것을 느끼고 열린 마음으로 상품을 살펴보게 된다.

③ 고려

관심이 형성된 잠재 고객에게는 유료 상품을 제안해 볼 수 있다. 그러나 아무리 차근차근 호감을 쌓았다고 해도 고객은 제안하는 상품을 바로 구매하지 않는다. 이때가 바로 '고려'의 단계다.

'이 상품을 사도 될까?'

'이 상품은 사면 나에게 어떤 도움이 될까?'

잠재 고객은 호기심을 갖는 동시에 의심도 한다. 그러면서 검색을 하기 시작한다. 판매하는 상품의 후기나 판매했던 상품들의 이력 등을 찾아보기도 하고, 다른 판매자의 비슷한 상품을 찾아볼 수도 있다. 이때 필요한 것이 브랜딩으로 구축해 놓은 사회적 증거들이다.

브랜딩은 팬슈머를 모아서 수익화를 이루려는 목적도 있지만,

고객이 구매를 고려하는 단계에서 권위를 세우고 후광효과를 만들어 낼 수 있는 사회적인 증거를 마련하기 위해 필요하다. 내 상품을 구매했던 사람들의 후기나 추천의 글은 그 어떤 것보다 강력한 세일즈 도구가 된다.

브랜딩 작업을 하면서 무료로 제공한 콘텐츠의 후기를 정중하게 요청하는 방법 등으로 이러한 사회적 증거를 최대한 생성해 둘 수 있다. 긍정적인 후기가 넘쳐 난다면 잠재 고객의 의심은 가라앉고 구매 욕구는 증가한다.

④ 구매

고려 다음은 '구매'를 결정하는 단계다. 이때 구매 결정을 돕는 요소들이 있는데, 일단 희소성이 있어야 한다. 언제 어디서든 살 수 있는 상품이라면 고객은 굳이 빠른 구매 결정을 내리지 않는다.

우리가 여행을 갔을 때 관광지에서 구매하는 기념품이 있고 구매하지 않는 기념품이 있다. 그중 구매하는 기념품은 대체로 그 관광지에서만 살 수 있는 물건이다. 어디서나 살 수 있는 흔한 것이라면 굳이 짐이 되는 물건을 살 이유가 없다. 바로 희소성이 없는 것이다. 희소성이 없는 물건도 꼭 필요하다면 사겠지만, 다양한 곳에서 가격 비교를 해서 구입한다.

그래서 다른 지식 콘텐츠 상품과의 차별성을 강조하거나 기간 한정 할인 같은 기회를 제시한다. 판매 개수를 한정해서 수량에 희소성을 두는 방법도 있다. '30명 한정'이라든지, 앞서 다른 상품을 구매했던 고객만 대상으로 하는 특강 상품 등을 기획해 볼 수 있는 것이다.

또한 양자택일 방식을 적용해 보는 것도 좋다. 한 가지만 제안하면 구매할지 말지를 고민하지만, 두 가지를 제안하면 할지 말지보다는 어떤 것을 고를지 먼저 고민하게 된다. 그렇게 구매 확률이 올라가는 효과가 생긴다.

결제 간편성도 중요하다. 결제의 간편성이 없고 무이자 할부도 안 되면 사람들은 구매를 망설인다. 지금 당장 현금이 부족하거나 큰 금액을 한 번에 지출하는 것이 부담스러울 경우 결정을 미룰 수 있다. 하지만 결제가 간편하고 무이자 할부까지 가능하면 고객은 더 빠른 결정을 할 수도 있다.

결제한 다음에는 어떤 일이 벌어지는지 고객의 머릿속에 그려지게 만들어 줘야 한다. 결제를 하면 어떤 창이 뜨고, 어떻게 구매한 상품을 볼 수 있는지 등등이 미리 그려져야 하며 이 모든 것이 자동화 시스템으로 설계되어 있다면 더 편리하다. 그렇지 않으면 판매자가 직접 구매 신청이 들어올 때마다 업데이트를 해 줘야 한다. 판매자가 바로바로 확인할 수 없을 때 고객은 구매를 한 다음에도 불안함을 느낀다.

⑤ 충성심

구매가 완료되었다고 해서 끝나는 것이 아니다. 상품의 판매 이후가 더 중요하다. 한번 구매하고 끝나는 것이 아니라, 지속적인 고객이 될 수 있도록 '충성심'을 유발해야 한다.

고객에게 꾸준히 좋은 이미지로 인식되고, 결국 구매한 콘텐츠까지 만족스럽다면 충성심이 생긴다. 충성 고객은 찐팬이라고 말할 수 있다. 스스로 마케터의 역할을 자처하고, 가장 열성적인 구매자가 되기도 하는 진정한 지원군이다.

나에게 충성심이 생긴 고객은 유료 상품 제안을 오히려 반기거나 고마워하기도 한다. 무료로 항상 퍼 주는 것을 안타까워하면서 유료 상품이 잘되기를 응원해 주는 것이다. 계속해서 새로운 가치를 제공하기 위해서는 제작비도 필요하고 시간과 노력 또한 들어간다는 사실을 충성 고객은 이미 알고 있다. 그렇기 때문에 유료 상품 판매에 반감을 느끼지 않는다. 판매자에게도 보상이 있어야 더 좋은 콘텐츠를 만들고 다시 또 제안할 수 있다는 것을 이미 알고 있는 사람들이다.

잠재 고객을 충성 고객으로 바꾸기 위해서는 양질의 콘텐츠를 제공하는 것은 물론이고, 고객 구매 여정 내내 좋은 이미지를 심어 주고 충실하게 피드백을 해야 한다. 또한, 챌린지 등의 활동을 통해 고객의 성장을 돕고 유대감을 만들어 가는 것이 무엇보다 중요하다. 네트워크를 형성하고 커뮤니티를 활성화하면서 같은 목표를 향해 나아가는 동료라는 인식을 심어 주는 것이다. 이 모든 것이 쌓여서 충성심 강한 고객을 생성한다.

⑥ 재구매

온라인 비즈니스가 자리를 잡고 성장할 수 있는 바탕은 '재구매'에 달렸다. 이를 위해 우리는 신규 고객을 유치하는 동시에 충성 고객의 수를 늘리기 위해 노력해야 한다.

꾸준히 질 좋은 콘텐츠를 제공하고, 고객의 가치를 업그레이드해서 재구매를 유도할 수 있다. 다른 콘텐츠 생산자 및 충성 고객과 협업을 하는 것도 하나의 방법이다. 협업을 통해 새로운 콘텐츠 상품을 론칭하거나 또 다른 수익 구조를 창출할 수도 있다.

결국 돈을 버는 방법은 다른 사람의 문제를 해결하기 위해 연구하고, 열정을 다해서 상품을 만들고, 그 상품에 담긴 진심이 고객에게 온전히 전달되는 과정이 안정적으로 반복되는 것이다. 그러기 위해서는 이타적으로 타인의 고민과 관심을 살피는 노력이 필요하다. 진심 없이 그런 척만 해서는 충성 고객을 만들 수 없다. 하지만 진심이 전달되면 고객은 어떤 제안에도 선뜻 재차 돈을 지불한다.

☑ 부록 4

반감 없이 유료 콘텐츠를 제안하는 방법

누구나 읽을 수 있게 칼럼을 쓰고, 누구나 볼 수 있게 영상을 업로드하고, 무료 전자책과 무료 특강을 배포하다가 갑자기 유료 가치를 제안하면 반감이 생길 수 있다.

내가 팔로워하고 있는 인스타그램 계정이나 파워블로그를 떠올려 보자. 여러 가지 콘텐츠를 만들어서 올려 둔 것을 조금씩 보다 보니 어느덧 팬이 되었는데, 어느 날 "저 이거 판매하고 있습니다"라는 내용이 올라온다면 어떤 마음이 들까?

어떤 팬은 "꼭 사겠습니다" 하고 반응할 수도 있지만, "뭐야, 결국 이렇게 장사하려던 거네" 하고 생각하면서 떠나는 사람도 있다. 이때 팬의 이탈을 최소화할 수 있는 요령이 있다.

팬을 모았지만 눈치가 보여서 수익화 제안을 하지 못한다면, 결국은 스스로 지쳐서 채널을 접게 된다. 그러므로 수익화는 필수적이라고 생각해야 한다. 다만 어느 시점에 어떻게 제안해야 할지 고민해야 한다. 내가 수익화를 제안했을 때 팬의 이탈이 많다면 진심이 닿지 않았다는 뜻일 수도 있다. 내 콘텐츠로 상대를 업그레이드 해야겠다는 마음보다 나의 이익 자체를 먼저 고려했기 때문에 눈치가 보이는 것이다.

그래서 최대한 부작용을 줄이면서 유료 가치를 제안할 수 있는 방법을 다음과 같이 정리해 보았다.

① 고객의 가치를 업그레이드를 하겠다는 마인드

온라인 비즈니스로 수익화를 하는 방법에 관해서 컨설팅을 진행하다 보면 별다른 대화를 하지 않아도 마음이 따뜻해지는 이들을 만날 때가 있다. 이런 사람들은 진심으로 고객의 가치를 업그레이드하는 데 신경 쓴다. 그래서 아주 사소한 요령만 알려 줘도 퀀텀 점프가 확 일어난다. 이것이 바로 우리가 장착해야 할 기본 마인드다.

무턱대고 유료 가치를 제안하기에 앞서 무료 전자책이나 무료 강의를 먼저 배포해야 하는데, 이때 무료라고 해서 성의 없는 콘텐츠를 제공하는 것은 의미가 없다. 무료로 제공하고도 안 좋은 이미지만 쌓을 수 있기 때문이다.

하지만 성의 있는 전자책이나 특강을 무료로 제공하면 많은 사람이 팬으로 돌아선다. 진심으로 구독자의 가치를 업그레이드할 수 있는 유용한 정보를 제공해야 한다. 무료 전자책이나 무료 강의로 감동한 사람들은 튼튼한 팬덤이 된다. 찐팬이 된 사람들에게 유료 콘텐츠를 제안하면 전혀 다른 구매 전환이 일어난다.

② 이메일을 통한 제안

내가 구독하는 채널에서 유료 콘텐츠 제안만 보인다면 구독자의 피로감이 엄청나게 증가한다. 실제로 유료 가치를 많이 제안하더라도, 일단 표면적으로는 최대한 드러나지 않게 관리하는 것이 좋다.

앞서 고객을 업그레이드하겠다는 마음으로 유용한 무료 가치를 제공하면서 이메일을 수집해야 하는 것도 이 때문이다. 이때 수집한 이메일을 통해 유료 콘텐츠를 제안한다.

반면 내가 운영하는 채널에서는 어떤 무료 전자책을 배포하고 어떤 무료 강의를 제공하고 있는지 계속해서 언급해 주어야 한다. 그러면 무료 가치를 이용하지 않는 사람도 '이 사람은 무료로 주는 게 많네?' 하는 생각을 하게 된다. 아직 팬이 아닌 이들에게도 좋은 이미지를 주며 잠재 고객을 형성하는 것이다.

③ 유료 콘텐츠와 무료 콘텐츠의 구분

무료 콘텐츠만 계속 제공하다 보면 유료 상품을 만드는 일이 어렵게 느껴질 수 있다. 무료 콘텐츠도 충분히 성의 있게 유효한 내용을 담아서 만들라고 했는데, 그러다 보니 유료 콘텐츠는 얼마나 더 많은 정보를 담아야 하는지 막막한 경우다. 유료 콘텐츠의 기준이 잡히지 않으니 구매 제안을 할 때도 자신감이 생기지 않는 것이다.

사실 유료와 무료의 기준에 정답은 없다. 다만 나의 경우에는 확실히 선을 나누어 주어야 한다고 생각한다. 아무래도 유료 콘텐츠라고 한다면, 인터넷에서 쉽게 찾을 수 없는 정보여야 할 것이다. 조금 노력을 기울여서 정보를 찾고 공부해야 하는 것을 유료 가치로 만드는 것이 좋다.

이것을 가장 쉽게 구분할 수 있는 방법은 내가 직접 유료로 콘텐츠를 사 보는 것이다. 무료 가치와 유료 가치를 구분하지 못하는 가장 큰 이유는 유료 콘텐츠를 사 본 적이 없어서 어느 정도의 정보를 제공해야 하는지 감이 잡히지 않기 때문이다.

인터넷에서 조금만 찾아보면 나오는 정보인지, 아니면 유료 가치에서만 얻을 수 있는 정보인지 판매자가 먼저 알아야 한다. 그리고 필요하다면 스스로 다른 판매자의 유료 콘텐츠를 구입해 보는 것이 좋다. 그러면 '유료는 이 정도 하는구나'라는 감이 온다.

시간이 지나면서 지식에도 인플레이션이 생기기 때문에 현재의 유료 콘텐츠를 계속 판매하다 보면 불만족이 쌓일 수 있다. 그래서 시일이 흐르면 유료 콘텐츠 중 무료로 공개하게 되는 것이 생겨난다.

결국 여러분이 계속해서 현재 진행형으로 업그레이드를 시도하고 있으면 무료 콘텐츠와 유료 콘텐츠를 구분하는 일은 어렵지 않다. 그런데 여러분이 업그레이드가 되지 않는다면 '여기까지도 무료로 알려 줘야 하나?' 싶은 생각이 든다.

한편, 무료와 유료 콘텐츠는 희소성으로 구분할 수도 있다. 너무 많은 사람이 알게 될 경우 희소성이 떨어지는 가치라면 유료로 제공하는 편이 낫다. 무료 가치 또한 성의가 있어야 한다고 해서 정말 있는 것 없는 것을 전부 끌어다가 무료 콘텐츠로 공개하라는 말은 아니다. 팬슈머를 확보하겠다고 오버 딜리버리 하는 것은 유료 콘텐츠일 때 유효한 방법이다. 무료 콘텐츠에서 시장 질서를 파괴할 만큼 지나치게 정보를 공개하는 것은 바람직하지 않다. 희소가치가 있는 상품이면 무료로는 공개하지 않는 게 좋다.

또한, 원론적인 지식은 무료로 다 공개해도 무방하다. 하지만 정확하게 어떤 시스템을 사용해서 어떻게 해야 한다는 식의 튜토리얼tutorial적인 지식은 유료로 공개하는 게 좋다. 나는 PPT로 볼 수 있는 내용이면 그냥 다 무료로 공개한다. 하지만 PPT에 담을 수 없는 내용이 있다. 직접 컴퓨터로 사용하는 모습을 보여 주어야 하는 정보는 유료 상품으로 구성한다.

아주 전문적이거나 구체적이고 세세한 내용은 무료로 공개해도 안 보는 경우가 있다. 그렇기 때문에 단계별로 실용적인 콘텐츠를 제공할 때는 유료로 특정 사람들에게만 공개하는 것이 더욱 효과적이다. 예를 들면, 무료 콘텐츠에서는 '전략'을 알려 주고 유료 콘텐츠에서는 '전략을 실현하는 전술'을 매우 자세하게 알려 주는 것이다.

무료 콘텐츠에서 모든 것을 다 알려 준다면 잠재 고객은 큰 감동을 받을 수도 있다. 하지만 무료와 유료의 차이가 느껴지지 않아서 구매에 이르지 않을 수 있다. 무료 콘텐츠를 만들 때 '유료 상품이 필요한 이유를 완벽히 이해시키는 것'을 목표로 한다면 상품 구성에 도움이 될 것이다.

　누구나 온라인 비즈니스로 고수익을 올리는 일은 가능하다. 그것은 재능의 영역도 운의 영역도 아니다. 몇 가지 노하우를 장착하고 노력하면 되는 일이다. 하지만 이 책을 보고 인스타그램이나 블로그, 유튜브를 해야겠다는 마음은 들었지만 정작 무엇부터 해야 할지 몰라 여전히 막막한 사람이 많을 것이다.

　우선 플랫폼에 들어가 보자. 그리고 알고리즘이 여러분에게 추천하는 콘텐츠가 무엇인지 둘러보자. 맛집, 책 리뷰, 주식 종목, 일상 등 여러 가지 정보가 나올 것이다. 여러분은 그 콘텐츠에 관심이 있을 수도 있고 없을 수도 있다. 나는 지금까지의 여러분의 취향은 전혀 알 수 없지만, 이 책을 끝까지 읽은 여러분이 지금 어떤 콘텐츠에 관심을 보일지는 예상할 수 있다. 아마도 '블로그 방문자 수 늘리는 방법' '인스타그램 잘하는 핵심 꿀팁' '유튜브 조회 수 높이기' 같은 콘텐츠가 눈에 들어올 것이다.

　그럼 우리는 어떤 콘텐츠를 올려야 할까? 트래픽을 모으려면 채널을 잘 운영하는 방법에 대한 콘텐츠를 올리면 된다. 그런데 이런 생각이 들 것이다. "나도 방금 시작했는데 무슨 방법을 올려?" 하지만 나는 그렇게 시작했다. 누군가에게 도움이 될 만한 정보를 모아서 제공하면 큐레이터가 된다. 내가 영어 공부를 시작한 지 1년 만에 영어 강사가 되었던 것도 잘하기 때문이 아니었다. 다른 사람을 돕는다는 생각으로 공부한 것을 가르쳐 주다 보니 강사가 되었다. 블로그나 유튜브도 마찬가지다. 경험이 없어도 자료를 모으고 정리하다 보면 다른 사람에게 도움이 되는 콘텐츠를 만들 수 있다.

이렇게 돈을 버는 방식을 비판적으로 바라보는 사람도 있는데, 이들은 크게 두 가지 유형으로 구분할 수 있다. 첫째, 자신은 해 보지 않았고 앞으로도 하지 않겠지만 다른 사람이 돈 버는 것 자체가 마음에 들지 않는 사람들이다. 종종 타인의 행동을 깎아내리는 사람들이 있다. 예를 들면, 직장 동료가 업무를 빨리 마무리하고 퇴근하면 일을 대충 했다고 생각하지만 자신이 빨리 퇴근하면 효율적으로 일을 끝냈다고 생각하는 식이다. 온라인 플랫폼을 통해 돈을 버는 사람들을 유난히 비난하는 이들은 노동으로 성실하게 일하지 않고 그렇게 쉽게 돈을 버는 것은 사기라고 말한다(물론 진짜로 경력을 부풀려서 사기를 치는 사람들도 있긴 하다).

둘째, 온라인 비즈니스 업계에서 어느 정도 위치에 도달한 다음 경쟁자가 없길 바라는 사람들이다. 자신의 강의는 많은 연구를 통해 만들어진 것이므로 다른 초보 강사들의 강의는 듣지 말라고 하는 식이다. 마찬가지로 초보 시절이 있었을 텐데, 개구리 올챙이 적 생각을 전혀 하지 않고 자기 밥그릇 챙기기에만 바쁜 유형이다.

둘 다 다른 사람을 견제하기 위해 비난의 태도를 보이는 것이 문제다. 이런 태도는 자신에게도 득 될 것이 없다. 온라인 비즈니스는 결코 제로섬게임이 아니다. 명품 브랜드 소비자는 하나의 아이템만 갖고 있지 않다. 콘텐츠 소비자도 마찬가지다. 노마드크리스의 콘텐츠를 본 사람은 관련된 주제의 다른 콘텐츠도 시청한다. 최근 건강과 운동에 대한 관심이 커진 것은 헬스 트레이너, 약사, 의사 등이 올리는 관련 콘텐츠가 많아진 이유도 있다. 콘텐츠 생산자가 많아지면서 소비층이 형성된 것이다. 간혹 "진짜 돈 버는 방법이면 너나 알지 왜 알려 주냐?"고 말하는 사람도 있는데, 경쟁자가 많아질수록 오히려 시장은 커지고 소비층이 늘어난다. 그래서 나는 얼마든지 나와 같은 콘텐츠를 만들라고 사람들에게 권유한다.

나는 '절대 매너리즘에 빠지지 말자'라는 철칙을 지녔다. 고인 물은 썩기 마련이다. 나는 무료 특강에서도 적나라하게 알고 있는 노하우를 다 풀어 주는 것으로 업계에서 나름 유명하다. 많이 알려 줄수록 나의 지식은 더욱 구체화된다. 전부 쏟아 냈기 때문에 또 다른 지식을 습득하기 위해 노력한다. 나는 그렇게 성장해 왔다. 4년이라는 시간 동안 그런 태도 때문에 위기감을 느낀 적은 한 번도 없다.

이 책의 내용들도 마찬가지다. 무엇 하나라도 여러분에게 유익한 부분이 있다면 반드시 적용해서 수익화의 길로 나아가길 바란다. 어떻게 해야 할지 그래도 감이 잡히지 않는다면 '비즈니스 설계 챌린지'를 열어 보자. 책 내용대로 블로그, 인스타그램, 유튜브 채널을 개설한 다음 함께 습관을 만들 사람들을 모아 보자. 이것이 인생을 바꾸는 계기가 될지도 모른다. 백수처럼 허송세월하던 내가 영어 강사가 되었던 것도 어떤 책에서 스터디를 만들고 1년 동안 공부해 보라는 말을 보고 그렇게 실행했기 때문이었다. 이 책을 읽은 여러분이 큰 수익을 올렸다는 기분 좋은 소식이 많이 들려오길 바란다.

비즈니스 설계자

초판 1쇄 인쇄 2024년 3월 12일
초판 1쇄 발행 2024년 3월 20일

지은이 노마드크리스(박가람)

펴낸이 김연홍
펴낸곳 아라크네

출판등록 1999년 10월 12일 제2-2945호
주소 서울시 마포구 성미산로 187 아라크네빌딩 5층(연남동)
전화 02-334-3887   팩스 02-334-2068

ISBN 979-11-5774-758-0 03320